발로 생각하지 말고
머리로 걷지마라

발로 생각하지 말고
머리로 걷지마라

2012년 11월 19일 제1판 제1쇄 발행
2013년 4월 15일 제1판 제5쇄 발행

지은이   덕일 스님
찍은이   윤창호
엮은이   윤선아
펴낸이   강봉구

마케팅   윤태성
편집   강석배
디자인   비단길&봉구네
인쇄제본   (주)아이엠피

펴낸곳   작은숲출판사
등록번호   제313-2010-244호
주소   121-894 서울시 마포구 합정동 367-9
전화   070-4067-8560
팩스   0505-499-8560
홈페이지   http://littlef2010.blog.me
이메일   littlef2010@naver.com

ⓒ 덕일 스님

ISBN   978-89-97581-12-2   03220
값 13,000원

시대를 초월한 덕일 스님의 성공과 행복을 위한 멘토링

발로 생각하지 말고
머리로 걷지마라

덕일 스님 글 / 윤창호 사진 / 윤선아 엮음

사람들은 누구나 행복하길 소망합니다.

그리고 그 행복이 완전한 채 영속되길 바랍니다.

절망이 너무 커서 삶을 포기한 듯 보이는 사람도

내면에서는 행복하고자 하는 욕망이 지속되고 있지요.

잠시 쉬고 있는 것처럼 보일 뿐입니다.

모든 존재는 본래 완성되어 있습니다.

모든 사람은 거룩합니다.

세상의 생명 있는 모든 것은 존재 자체로 아름답습니다.

참진리의 세계에서는

불행이나 고통은 실제로는 없습니다.

이 사실을 모르면 고통을 이겨 내지 못하고
끝까지 용기를 가지고 삶에 도전할 수가 없습니다.

타인에 대한 진정한 사랑으로 행하는 모든 것은
그것이 설사 잠시의 상처를 주는 것이어도
조각가가 작품의 불필요한 부분을 다듬는 것과 같고
진정한 자비와 존중감 없이 타인을 대하는 것은
완성된 작품을 파괴하는 것과 같이 독이 됩니다.

여러분이 내 몸과 내 자식을 사랑하듯
일체 만물을 자비와 섬김으로 대한다면
우주의 대지혜를 발견하게 될 것입니다.

이것이 깨달음이에요.
이것이 붓다입니다.

이 책은 BTN 불교방송을 통해 많은 분들에게 전해진
금강경과 법화경 속의 지혜의 말씀입니다.
이제부터 사랑과 믿음을 가지고
제 이야기에 마음을 기울여 보십시오.

자식으로 인한 고통, 경제적 어려움, 학교 폭력, 부부 문제, 고부 갈등 등
치명적 상처를 안고 살아가는 우리 사회의 많은 사람들에게
이 글이 마음으로 읽혀져서 그들의 지독한 통증이 해소되는 데
조금이나마 도움이 되었으면 하는 바램입니다.

이 책을 세상에 내놓게 되어 기쁩니다.

그동안 방송 원고를 편집하여 한 권의 책으로 엮어 준

윤선아 님, 사진작가 윤창호 님, 작은숲출판사에게

진심으로 감사 드립니다.

멀리서 가까이서 저를 찾아주시고 기쁨도 슬픔도 공유하며

저를 사랑으로 이끌어 주시는 사홍선원 모든 불자님들께 깊이

감사 드리며 이 책을 바칩니다.

2012년 10월 사홍선원

덕일 두 손 모음

. . . 엮은이의 말

"여러분! 여러분이 겪는 모든 고통은 고통이 아니에요.

이름이 고통일 뿐이에요.

여러분을 깨닫게 하려고 오는 겁니다.

그러니 기쁘게 받아들이세요."

너무나 강렬하게 마음에 와 닿았던

덕일 스님의 불교 TV 법문

듣고, 또 듣고……

그것은 저의 참생명을 일깨워 준 사자후였습니다.

그 후,

제 삶이 밝음으로, 향상으로 나아가고 있다는 확신과 함께

나날이 차오르는 지존으로서의 자긍심으로
완전한 기쁨에 이르는 수행을 하고 있습니다.

이 기쁨을 더 많은 분들과 공유하고 싶었습니다.
풍요롭지만 정신적으로는 너무나 가난한 요즘 사람들이
머리로 걷고 발로 생각하는 전도몽상에서 벗어나게 하는데
저의 작은 수고가 큰 도움이 될 거라는 확신이 있었기에
말씀을 옮기는 내내 행복했습니다.

저는 이 글이 부처님의 말씀으로 국한되어
읽혀지지 않길 바랍니다.
불자에게는 부처님 가르침으로

더러는 우주의 말씀으로 받아들여져서
자신의 참생명 주인공에게 올리는
지극한 법공양이 되길 간절히 바랍니다.

그리하여 이 책을 읽는 모든 분들이
참생명으로서의 지존심을 깨닫고
자기 앞에 주어진 生 그대로를
기꺼이 완전하게 받아들이시길 소망합니다.
그래서 절망의 바다에서 새 희망의 닻을 올리고
완전한 행복, 완전한 기쁨을 누리시길
두 손 모아 합장 올립니다.

여불유인…… 여불유연…… 불법상인…… 상락아정……
덕일 스님과 모든 인연에 감사의 삼배를 올립니다.

2012년 10월
보현 윤선아 합장

... 차례

나의 참생명, 참마음

우리의 참생명, 참마음의 근원은 무엇일까요?
태초의 무한대 우주 허공을 떠올려 보십시오.
그것은 영원히 나지도 않고 죽지도 않는
생명 그 자체입니다.

그 영원한 생명성이
부처님입니다.
우주의 만상 만물은
영원한 생명성이 똑같이 깃들어 있는
우주의 개체로 한 몸이고 한마음이에요.
그래서 하나의 유기체로 연결되었다고도 하고
모두는 한 형제라고도 하지요.

부처님은
우주의 영원한 생명성이고 진리 자체입니다.
불교에서는
우주의 영원한 참생명을
법신 비로자나 부처님이라 합니다.

석가모니 부처님은
법신 비로자나 부처님의 진리를
사람들에게 깨닫게 해 주려고
인간의 모습으로 태어나서
수행하는 모습을 보여 주신 화신이에요.

내 안의 참생명, 금강반야, 나의 주인공은
우리 모두의 마음에 다 들어 있는
우주의 참생명이신 법신 부처님을 말해요.

우리가 참생명이신 법신부처님의 몸을 받은
부처님의 분신임을 결단코 믿고
이 책을 끝까지 읽으신다면
여러분은 진리의 실상을 깨닫게 될 것입니다.

영원한 지혜

나의 참생명, 나의 참마음
내 안의 부처님을 금강반야라 합니다.
금강반야는
금강석처럼 영원불변하는 진리로서
내 안에 항상 존재하는 법신불이에요.

금강반야는
내 모든 것을 보고, 모든 것을 알고 있어요.
우리 몸과 감정은
헛된 것이요, 망상이지요.
오로지 나의 참생명인 법신 부처님만이
진짜 '나' 입니다.

내면의 참생명 주인공인 부처님이
껍데기인 가짜 나를 보는 것이 지혜입니다.

우리는 감정, 의지, 인식 작용 등이
진짜 '나' 인 줄 착각하고 살아가지요.
그래서 집착과 욕심이 끊어지지 않고
윤회의 삶이 되풀이되는 것입니다.

주인이 누구이고 손님이 누구인지를
여실하게 알아야 해요.
주인은 금강반야, 부처님, 법신불이고
내 육체와 감정은 손님입니다.

여러분이 일상의 모든 삶 속에서
주인과 손님을 확실하게 구분하여
머릿속에 담고 산다면
금강반야의 삶이 그대로 실현됩니다.

절대로 욕심과 감정으로 살지 마세요.
내 안의 진짜 주인공은 금강반야입니다.
하인인 내 마음과 감정을 잘 부려서
영원히 밝음으로, 진리로
향상된 삶을 살아가십시오.

거룩한 걸식

부처님은 기원정사에 계실 때
천이백오십 비구와 함께 걸식을 하셨습니다.
모든 인간과 천신의 공경을 받는 부처님이
왜 밥 한 주먹을 얻기 위해 걸식을 하셨을까요?

그 깊은 본래의 뜻은
사람들이 부처님께 무엇이든 베풀게 함으로써
무량한 보시의 공덕을 짓게 함이었어요.

부처님께 보시한 공덕으로
설법을 듣고 번뇌로부터 벗어나
참 본성을 깨닫게 하기 위함이었지요.

걸식은

다른 사람에게

자신이 가진 것을

기쁘게 베풀 수 있는 기회를 주는 것입니다.

그 사람이 나에게 베풂으로써

마음의 평화를 얻고

행복감을 느끼게 하는 것이지요.

그렇게 기쁨으로 보시하면서

주는 나도 부처요, 받는 너도 부처요

주는 그 무엇도 부처임을

바치는 그 순간 깨달으면서

부처님의 자비와 지혜의 가피가

온 마음으로 스며들어서

깨달음을 성취하게 하는 것입니다.

오늘날 우리 사회는

가족 내에서, 학교에서, 사회구성원 간에

많은 갈등과 부조화를 겪고 있습니다.

사람들은

상대방을 배려하지 않아요.

오직 내 입장에서 내 얘기만 하고 있어요.

사람과 사람 간에 소통이 되지 않아요.

여전히 가정이 흔들리고

사이코패스에 의한 흉악 범죄도 늘어가고 있습니다.

왕따니 학교 폭력으로

피어나지도 않은 청소년들이

스스로 생을 접고 있음이 너무도 안타깝습니다.

진정한 의미의 걸식은

누군가를 위해서 기꺼이 자신의 모든 것을

바치고 싶은 마음이 들게 하는 것입니다.

기업을 운영하는 대표자라면

사원의 말을 경청하십시오.

그들의 일과 생활을 존중하고

한 인격체로 그들을 섬기십시오.

그러면 직원들은

그 회사를 위해서, 그 대표를 위해서

자신의 모든 능력을 바쳐서

일을 하게 됩니다.

거기에다 자신이 하는 일이

사회와 인류에 이바지한다는

의미와 가치까지 찾게 된다면

모두가 상생하는 최상의 기업이 되겠지요.

부부 간에도 마찬가지입니다.

상대의 단점과 부정적인 면을 지적하지 마세요.

상채기를 헤집고 고치려 하지 마세요.

내가 먼저 남편의, 내가 먼저 아내의

마음의 맨 중심이 되어 주십시오.

그러면 아내는 남편을 위해

남편은 아내를 위해

기꺼이 무엇이든 하고 싶은 마음이 들겠지요.

이것이 걸식의 가장 큰 원칙입니다.

'내가 왜 하필 저런 자식을 낳았을까.'
'나는 왜 저런 남편, 저런 아내를 만났을까.'
하고 불평하며 비관하고 있지는 않나요?

그런 자식, 그런 남편, 그런 아내를 만나지 않았으면
내가 사람이 되지 않고 내 뜻을 이룰 수 없기 때문에
그런 인연이 내게 온 것임을 깨달아야 합니다.
그 사람을 지존으로 지극히 섬김으로써
공덕을 지으라는 인연의 뜻입니다.

우리가 공덕을 쌓을 수 있는 것은
물질로서가 아니라 마음입니다.

마음을 바치지 않으니 항상 고통과 번뇌가 따르고
진정한 걸식이 이루어지지 않아요.
걸식은 타인이 나를 위해 기쁘게 베풀어서
진정한 공덕이 되게 하는 거룩한 보살행입니다.

진정한 평등

이 우주의 모든 생명은 절대 평등합니다.
만강의 물이 바다로 들어오면
금강물인지 한강물인지 구별하지 않듯이
만상 만물은 다 부처님의 자식으로
잘나고 못남 없이 소중하고 평등한 존재입니다.

진정한 평등을 이루기 위해서는
먼저 자신의 마음 안에 자리한
불평등심을 없애야 합니다.

그래야만 모든 불평등의 문제를 극복하고
완전한 자유와 진정한 해탈을 이룰 수 있습니다.
진정한 평등을 이루기 위해선
우리 마음 안에
다음의 세 가지 요소가 구족되어야 합니다.

마음 안에
불화(不和)가 없어야
진정한 평등입니다.

내 마음에
불만, 시기, 탐욕, 성냄이
가득한 상태로는
어떠한 평등, 자유, 기쁨도 누릴 수가 없습니다.

내 마음이 어떤 마음을 가져야
진정으로 잘 살 수 있는지 깊이 생각해 보세요.

평등이란
내가 부처님과 같다는 것이에요.

내 마음에 진여의 불성이 있고
그 불성은 나의 법신불이고
그것은 나의 참마음이며
그것이 진짜 내 몸임을 알고
그 부처님을 믿어야 합니다.

그 누가 나를 억압하고 차별하더라도
부처님만은 나를 부처님과 똑같이 사랑하고
자비로 이끌어 주신다는 것을 믿어야 해요.

그래야 나의 삶도 바르게 세우고
진정한 보살심으로
모든 중생을 이익되게 하는 삶을
살아갈 수 있습니다.

나와 남이 모두 부처님과 똑같다는
그런 생각과 믿음과 확신으로
세상을 살아갈 때
완전한 자유와 완전한 평등을 이룰 수 있습니다.

모든 사람들은
다 나에게 꼭 필요한 사람이라 생각하고
진실로 부처님 대하듯이 섬기세요.

다른 사람을 나와 똑같은 존재로
나처럼 사랑받고 존경받을 존재로 대했을 때
거기에서 완전한 평등과 진정한 자유와
해탈이 일어난다는 것을 깊이 인식하세요.

타인을 배려하고 섬기는 일이
진정한 평등입니다.

우리는 항상 자신과 가족을 위한 삶을 살지요.
가족의 기쁨도 지향하면서
다른 사람의 이익과 행복을 위해서
내가 기꺼이 나의 모든 정성을 다해서 노력했을 때
결국 나의 기쁨으로 나의 행복으로 돌아옵니다.

자신을
속이지 않는 것이
진정한 평등이에요.

나 자신을 속이면
아무것도 성취할 수 없습니다.

내가 부처님 앞에 정직했을 때
우리는 세상 모든 일에 정직할 수 있고
내가 세상을 바르게 대했을 때
세상의 모든 것이 나를 바르게 대한다는
엄연한 진리를 바르게 인식해야 합니다.

내 마음에 불화 없이
자기 자신에게 정직하게 사는 것이
진정한 평등이고

나와 남을 모두 배려하며
대승적으로 사는 삶이
진정한 평등입니다.

피안(彼岸)에 이르는 삶

바라밀다는
현실의 괴로움에서 벗어나 번뇌와 고통이 없는 경지인
피안으로 건넌다는 뜻입니다.
성불이요, 해탈이고, 깨달음에 이르고자 하는 보살의 수행이지요.

자신 안의 모든 잘못된 세계를 깨 버리고
탐진치와 가식과 위선을 다 버리고
참 나로 돌아가서 내 본성의 진여의 자리에서
즐겁게 받아들이고 기쁘게 생각하고
모든 것을 수용하고 감사히 여기고
그대로 타인을 위하는 삶 자체가
바라밀다의 삶입니다.

여시아문 - 있는 그대로 듣기

진리 그대로, 말씀 그대로 살아가십시오.
우리는 나에게 쓴 소리는 들으려 하지 않고
칭찬하는 소리, 내 마음에 드는 소리만 들으려고 합니다.

쓴 소리, 거슬리는 소리, 비방하는 소리도
기꺼이 수용해야 진리의 삶으로 나아갈 수 있어요.

여러분이 지금 계신 가정과 직장은 법당이고
주변의 가족과 친척과 많은 인연들은
수행의 도반입니다.

그 사람들 중에는
내 마음에 드는 사람도 있고
뜻이 맞지 않는 사람도 있겠지요.
뜻이 맞지 않는다고 그 사람들을 밀쳐 내면
성불의 종자를 끊어 버리는 것이 됩니다.

주위에 있는 그 누구도
함께해서 향상으로 나아가야 할 존재라고 여길 때
진정한 수행 공동체가 형성됩니다.

태도가 삶의 전부다

우리는 어떻게 살고
어떻게 마음을 써야 할까요?
태도는 수행의 시작이요, 끝입니다.
성불도 해탈도 모든 것이
태도에 달려 있습니다.

불자는 자기 자신에 대한 절대적인 믿음과
절대적인 긍정이 필요합니다.
비전을 가진 사람은
세상 모든 일은 너그럽고 관대하게 받아들이되
자신이 절망하고 괴로워하는 모습은
결코 용납해서는 안 됩니다.

부정적인 생각을 하면 안 됩니다.
부정적인 생각을 하게 되면
나의 생각 자체가 축원이기 때문에
삶은 점점 부정적으로 흘러가게 됩니다.

참생명의 주인공으로서
내 생각과 마음을 비추어 보아서
절대 긍정으로 만들어야 합니다.

내 안에서
'불가능은 없어.'
라고 말하는 참생명 주인공의 소리를
듣는 사람만이 꿈을 이룰 수 있습니다.

부처님과 같이 큰 서원을 세우세요.
힘들게 살아가는 많은 사람들이
고통에서 벗어나 행복할 수 있도록
함께하며 도움을 주겠다는 마음을 내는 것입니다.

이러한 큰 마음을 일으키면
모든 불보살님들이 나를 지켜 주고
이끌어 주십니다.

부처님의 말씀과 가르침에 대한
절대적인 믿음이 필요합니다.

절대적인 믿음의 특징은
삶에서 오는 어떤 고난과 괴로움도
모두 삶의 일부로 받아들이고 수용하는 것이에요.

나의 원이 크고 원대하면 장애도 크게 옵니다.
아무 일도 안 하겠다고 생각하면 장애도 없지요.

인생의 장애는
내가 그것을 이겨 내기 전에는 고통이지만
극복하고 나면
나를 빛나게 세워 준
주춧돌이었음을 알게 됩니다.

인생의 99%는

참아야 하는 일들의 연속입니다.

인욕은

모든 고통을 기쁘고 감사하게 받아들이는 것이에요.

장애가 매일 산같이 밀려와도

받아들이고 기뻐하면

그것은 장애가 되지 않고

나를 높이고 내 뜻을 이루게 하는 디딤돌이요

도우미임을 명심하세요.

그러한 예로

노벨 문학상을 수상한 일본의 대문학가

오에 겐자부로의 이야기를 소개하겠습니다.

그의 아들 오에 히카리는

두 개의 뇌를 가진 엄청난 장애아로 태어났어요.

지능지수는 65에 머물렀고 언어장애와 행동장애

자폐증, 간질 발작까지 가지고 있었지요.

그럼에도 불구하고 오에 부부의 지극한 정성으로
히카리는 기적처럼 소리에 반응하기 시작했고
유난히 18~19세기 서양 음악에
관심을 보였다고 합니다.
나중에는 한 소절만 듣고서도
작곡가의 이름을 맞출 정도로 클래식에
몰두했다고 해요.

히카리는 피아노 주법과 기보법을 배워서
소설을 쓰는 아버지 옆에서
음악을 만들기 시작했어요.
결국 히카리는
일본 최고의 베스트셀러 음반을 낸
작곡가가 되었지요.

오에 겐자부로는
장애아를 키우는 자신의 경험을 토대로
『개인적 체험』이라는 작품을 발표해
노벨 문학상을 수상했습니다.

"나의 아들 히카리는
내 인생의 발목을 잡은 걸림목이 아니라
오히려 내 인생의 찬란한 빛이었습니다."
라고 오에 겐자부로는 말했다고 합니다.

여러분은 삶에서
무엇을 위해서 합장하고 있나요?
아무리 큰 시련이 내 인생을 누르고 있다 하여도
내가 가진 꿈이 원대하다면
그 시련은 티끌처럼 사라져 버립니다.

욕심 많고, 성내고, 어리석고, 질투심 많은
육신의 나는 껍데기이고 가짜입니다.
나의 참 주인이 아님을 분명히 알아야 해요.

오로지 참마음 주인공으로서
자기 자신을 바르게 세워
대승의 큰 삶으로 나아가는 것이
진정한 불자(佛子)의 태도입니다.

삶의 목적과 의미

보살은 '깨달은 수행자'로서
자기의 모든 것을 바쳐
고통받는 중생을 위해 헌신 봉사하는 삶을
살아가는 진정한 부처님의 제자입니다.

진정한 불자의 삶은
이러한 보살의 삶이어야 합니다.
그렇지 않으면 중생의 삶을 사는 것이지요.

보살은
세상을 위하고 고통 받는 중생을 구제하는
거룩한 대승의 서원을 하기 때문에

참생명의 법신불 부처님은
항상 보살과 함께 하면서
보호하고 이끌어 주십니다.

누가 나를 끝까지 사랑할까요?
누가 나를 끝까지 이끌어 줄까요?
그것은 내 안에 계신 참마음 부처님입니다.

내 안의 부처님을 진실로 믿을 때
스스로를 믿고 존중할 수 있습니다.
진정으로 세상을 위하는 큰 마음을 쓰게 되고
대영웅의 산 보살도를 실천할 수 있습니다.

최상승심을 일으키다

발심은 최상승심과 대승심을 세우는 것이에요.
내가 이제부터 세세생생 어디에 나든
오로지 부처님의 위없는 지혜를 다 증득하여
아래로는 일체 중생을 섬기고 받들어서
어떠한 악인도 반드시 불세계로 이끌겠다는
대원력과 대비전을 갖는 것이 발심입니다.

초발심의 공덕은
부처님의 공덕과 똑같아서
그러한 마음을 먹는 순간
부처님과 똑같은 공덕을 성취하게 됩니다.

세상의 계율을 다 지키고
무량한 선행을 다한다 해도
초발심의 공덕에는 미칠 수 없습니다.

그만큼 초발심은 거룩한 일이기에
육도를 진동하게 하여
시방의 모든 불보살님들이 벌떡 일어나서
초발심을 일으킨 자를
찬탄하고 보호하며 이끌어 주십니다.

위로 부처님의 위 없는 지혜를 다 증득해서
아래로는 모든 고통 속의 중생을
남김없이 제도하겠다는
원력을 세운다면
여러분이 꿈꾸는 대로 다 이루어집니다.
인생의 참 의미가 여기에 있습니다.

참나를 사랑하는 것이
진짜 인생

부처님 말씀을 따라서
지혜와 자비로 살아가고자 하는 사람은
어떻게 살고 어떻게 마음을 써 나가야 할까요?

부처님은 자기를 이기는 사람이
가장 강한 자라고 했습니다.
자기를 이기는 사람은
천하를 이기고 세계를 이기는 사람입니다.

어떻게 살 것인가 하는 것은 자기 확립을 의미해요.
자기가 바로 서지 않고는
그 누구도 위할 수 없습니다.

내가 가장 잘 알아야 할 사람은

나 자신입니다.

내가 가장 좋은 관계를 유지해야 할 사람도

자기 자신이지요.

내가 나 자신과 좋은 관계를 유지해야

다른 사람을 잘 이해할 수 있고

좋은 관계를 유지할 수 있습니다.

자기 확립이 되지 않고서는

절대로 내 마음을 항복받아서

다른 사람을 위해서 쓸 수가 없어요.

나를 변화시킬 수 있는 것도

나 자신 뿐이에요.

타인은 결코 나를 변화시킬 수 없습니다.

부처님 당시에

만리부인의 남편인 국왕이 만리부인에게

"당신이 가장 사랑하는 사람은 누구요?"

하고 물으니 만리부인은

"제가 가장 사랑하는 사람은 저 자신입니다."

남편인 자기가 아닌 본인 자신을 사랑한다는

부인의 말에 의아해서 국왕이 부처님께 여쭈었어요.

"부처님이시여,

우리 부인이 가장 사랑하는 사람은

자기 자신이라 합니다."

"그 말이 맞다.

이 세상에서 자기를 가장 사랑하는 사람은

자기 자신이지 누구도 자기를 진정으로 사랑할 수 없다."

자기를 존중하고 사랑하라는 뜻은

육신의 나를 사랑하는 것이 아니에요.

내 안에 계신 진정한 나의 부처님을 사랑하라는 것이지요.

내 마음과 완전히 일치되어 있어
분리할 수 없는 그 부처님을 사랑하라는 것입니다.

나의 참마음을 사랑하는 것이
내 몸을 사랑하는 것이고
내 몸을 사랑하는 것이
내 가족과 내 이웃과 세상을 사랑하는 것입니다.

이 세상에서 나를 가장 사랑하는 사람도
나 자신이고
나를 가장 괴롭히는 사람도
자기 자신입니다.

살면서 받은 자신의 상처는
자기 안의 부처님께 내놓고
스스로 치료를 받아야 합니다.

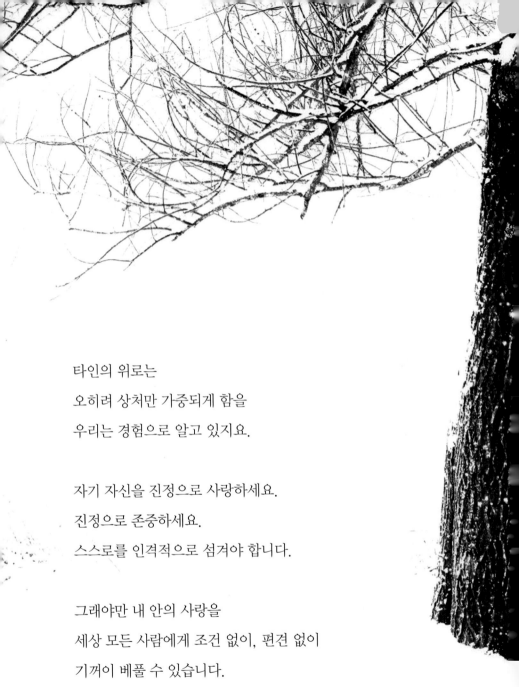

타인의 위로는

오히려 상처만 가중되게 함을

우리는 경험으로 알고 있지요.

자기 자신을 진정으로 사랑하세요.

진정으로 존중하세요.

스스로를 인격적으로 섬겨야 합니다.

그래야만 내 안의 사랑을

세상 모든 사람에게 조건 없이, 편견 없이

기꺼이 베풀 수 있습니다.

인생, 큰 삶으로 승부하라

대부분의 사람들은 삶의 가치를
가족의 행복, 재산 증식, 명예, 권력 등
오로지 자신의 영달과 집안의 안위에 두고
다른 사람은 돌아볼 겨를 없이 살고 있습니다.

그런 삶은 우주의 진리에 역행하는 것이기에
결국은 불행한 삶으로 떨어지게 되지요.
우주는 하나의 큰 수레입니다.
불교에서는 대승이라고 하지요.

대승의 큰 삶은
나 하나만 잘 먹고 잘 사는 삶이 아니에요.

내 앞과 내 옆에 있는 모든 사람과
풀 한 포기와 작은 벌레 한 마리까지
이 우주에 살아 있는 모든 생명체를 제도하여
다함께 성불하게 하는 거룩한 삶입니다.

살아가면서 나의 모든 지식을 활용하여
나의 모든 활동을 통하여
항상 다른 사람을 이익되게 하고
다른 사람의 안락과 평화를 위하는 마음이
바로 대승의 큰 삶입니다.

진정한 대승의 큰 삶은
정말 미묘하고 둥글고 맑고 깨끗한 참나
내 안의 참마음, 법신불로서 행하는 참된 삶입니다.
상대방의 의식을 향상으로 인도하고
그 사람의 삶을 진정으로 성장하게 하지요.

법으로써 진리로써 한 중생을 해탈하게 함으로써
자기 안에서도 완전한 기쁨이 차오르게 되는
거룩한 보살행입니다.

그렇다고 지위가 높고 대단한 사람만이
대승의 삶을 살 수 있는 것은 아니에요.
가정주부가 단순 가사 일을 하더라도
마음의 때와 먼지를 닦아 내듯 집안을 쓸고 닦아
가족에게 내면의 기쁨을 전하고
가족이 사회에 꼭 필요한 사람으로서
역할을 다할 수 있게 뒷바라지를 잘해 준다면
거룩한 대승의 삶이라 할 수 있습니다.

세상에 커서 큰 것은 아무것도 없고
작아서 작은 것도 아무것도 없습니다.
우리가 행하는 아주 사소한 일도
나에서 출발하여
세상 사람 모두를 위하는 큰 마음이면
큰 삶이 됩니다.

대승의 큰 삶을 살기 위해서는
반드시 깨달음이 있어야 합니다.
내가 부처님의 진리를 깨닫고 진리로 거듭 났을 때
큰 사랑을 할 수 있다는 것이지요.

내가 욕심이 있을 때는 지혜가 없고
지혜가 있을 때는 욕심이 없습니다.

마치 어둠이 있을 때는 밝음이 없고
밝음이 있을 때는 어둠이 없는 것과 같지요.

우리 인생에서는 무엇이 어둠이고
무엇이 밝음일까요.

살면서 나만을 생각하고
나만을 사랑함은 어둠입니다.

나보다 남을 배려하고
남을 진정으로 사랑하여
향상된 삶으로 이끌어 줌이 밝음입니다.

그 밝음의 삶을 살 때
우리의 참마음으로부터 지혜가 나오게 됩니다.

한 생각이 인생을 결정한다

사람 마음 속에는
태초의 참생명이며 살아 있는 진리이고
우리의 본래이며 본성이신
자이언트 부처님이 계십니다.

우리의 참마음 부처님은
우리의 가짜 마음이 두껍게 덮고 있어
드러나지 않고 있을 뿐

영원 이전에도 존재하셨고
지금도 계시고 영원 이후에도 존재하시면서
우리의 마음을 다 알고 우리가 하는 행동을 다 보고 계시지요.

자기를 다 버리고 다 죽이면 버린 만큼
진리이신 부처님과 하나가 될 수 있습니다.

우리의 참생명 참마음은
거룩하고 온전하고 청정한 모습이에요.
육체의 껍데기에 덮혀 있어 드러나지 않을 뿐이지요.

가짜인 나를 버리고
진짜로 살아가게끔 하는 것이
부처님이 이 세상에 오신 뜻입니다.

우리가 어떤 일을 할 때
그 일은 나를 사랑하는 일이어야 하고
자기 만족과 기쁨이 있어야 합니다.

그렇지 않으면
그 일이 아무리 선한 가치를 지닌 일이라 해도
노동이 되어 스스로를 지치게 만듭니다.

스스로가 자신을 사랑하지 않는 삶은
자기기만이고 위선입니다.
결국은 한을 남기고
자신의 삶을 왜곡시키게 되지요.

자기 자신한테 정직해야 하고
타인에게 기쁨을 주는 삶을 살아야합니다.
마음에는 어떠한 분노도 없어야 하지요.
이 세 가지가 맞아 떨어지지 않으면
우리의 삶은 행복하지 않습니다.

일곱 가지 무소유의 베풂

아무것도 갖지 않고도
다른 사람에게 웃음을 줄 수 있다는 것은
위대한 보시입니다.

내가 먼저 웃을 때 웃을 일이 생기고
베풀려는 마음을 내기 때문에
베풀 만한 재물이 생기는 것이에요.
모든 일은 마음이 먼저입니다.

이웃에게도, 처음 보는 사람에게도
진정으로 내 안에 참 미소를 지어 주세요.
웃기 때문에 웃을 일이 생긴다는 것을 명심하십시오.

내가 다른 사람의 말을 진심으로 듣는다는 것은
상대를 마음으로 받아들이는 것이에요.
사랑한다는 것이지요.

상대의 말을 끝까지 정성을 담아 들어 주어야 해요.
사람들은 자신의 얘기만 하려고 할 뿐
상대의 이야기는 잘 듣지 않아요.
그래서 관계가 소원해지고
점점 벽이 두꺼워지는 것입니다.
다른 사람의 말을 충분하게 들어 주는 것
최고의 보시입니다.

아플 때 같이 아파해 주고
이웃의 기쁨과 슬픔에 항상 동참해 주는 것
큰 보시입니다.

필요와 가치에 의해서
함께 동행해 주는 것
상대가 원하는 것을 해 주면서
그 뜻에 따라 주는 것 또한 크나큰 보시입니다.

자리를 양보하거나
길을 비켜 주는 것도
쉽게 행할 수 있는 보시입니다.

가는 말이 고와야 오는 말이 곱다고 하지요.
내가 건넨 부드러운 말 한 마디가
타인의 삶에 엄청난 힘을 주고
때론 절망에서 희망으로 나아가게도 합니다.
항상 온화하고 사랑이 담긴 말을 건네세요.

다른 사람이 잘되는 것을 보면 기뻐하세요.
사촌이 땅을 사거든 진심으로 축하해 주세요.
그러면 나에겐 그보다 더 많은 땅을 살 일이 생깁니다.

특별히 돈을 많이 벌어야만 베푼다는 것은
잘못된 생각이에요.
물질적인 보시도 어려운 사람에겐
당장은 도움이 되니 훌륭한 일이긴 하지요.

참된 보시는
항상 따뜻한 웃음으로
칭찬해 주고, 격려해 주어
절망한 사람에게 용기를 주는 것입니다.

목마른 사람에게 물을 주고
배고픈 사람에게 밥을 주고
헐벗은 사람한테 헌 옷이라도
깨끗이 빨아서 주는 것이지요.

참된 보시는
그 사람을 새롭게 탄생시켜
향상된 삶으로 인도하는 것이에요.
그 사람이 반드시 가치를 창조할 수 있는
삶의 길을 열어 주는 것이지요.

단순히 물질을 주는 것이 아니라
상대를 부처님으로서 존중하며
내 소중한 것을 바치는 것입니다.

그 사람의 처지가 불쌍해서 주는 것은
보시가 아니에요.
내 뜻을 다하고 내 마음을 다하여
기꺼이 베푸는 것이 진정한 보시입니다.

진정한 선(善)은
내게 기쁨이 있어야 하고
모두의 성장을 가져다주는 것이어야 합니다.

진정한 사랑 또한
누군가를 위해서 베풀었을 때
스스로도 항상 기뻐야 합니다.

기쁨이 충만하여
깨달음으로 연결되어야 하지요.
그렇지 않으면
선하게 악한 행동을 한 것입니다.

일상에서 나의 능력이 닿는 대로
꾸준히 자신도 모르게
행하는 것이 진정한 보시입니다.
왼손이 하는 일을 오른손이 모르는 것처럼.

어려운 사람에게 베푼다는 것은
그 사람을 참생명을 지닌 진리로 섬기는 것이지
단순히 내가 가진 물질을
나누어 주는 것이 아님을 알아야 합니다.

다섯 눈으로 세상을 보라

중생들의 눈에는
내 앞에 있는 가족조차도
항상 단점이 먼저 보입니다.

부처님의 눈에는
모든 중생의 단점도
다 사랑스럽게 보입니다.

사랑의 눈으로 보면
옆으로 기어가는 벌레도
아름답게 보이지요.

불교는 세상의 모든 것을
절대 긍정으로 보는 것입니다.

육체의 눈을 없애 버리면
마음의 눈을 뜨게 됩니다.
그것이 부처님의 눈이지요.

세상을 잘못 사는 사람은
남의 단점을 보는 사람이에요.
불행한 사람은
남의 약점을 보는 사람임에 틀림 없습니다.

일체 모든 관계와
만남의 존중

우리가 보는 모든 것은
보이는 것 그대로가 참모습이 아닌 줄을 알면
우리는 진리를 볼 수 있습니다.

내 남편은 남편이 아니고
이름이 남편이에요.
진리로는 남편이 부처입니다.

내 자식은 자식이 아니고
이름이 자식입니다.
실제로는 관세음보살입니다.

이름이 그럴 뿐인데
이 세상에서 이름 지어진 것을
진짜라고 믿기에
진정한 사랑을 할 수 없습니다.
베풀 수가 없습니다.

모든 것이 헛되다는 것을 깨달아 가는 것은
나를 극복하는 것이에요.
중생으로서의 나를 죽이지 않고는
결코 나를 바로 볼 수 없어요.
나를 죽이지 않고는
영원히 부처를 볼 수 없습니다.

내가 보는 모든 것은
마음을 가지고 있는 생물이든
마음을 가지지 않은 식물이나 광물까지도
우리 몸을 엮는 하나의 핏줄처럼
서로 연결되어 있습니다.

모두가 부처님의 참생명이 깃들어 있는
부처님이 키워 가는 부처님의 자식들입니다
이것이 불(佛) 세계입니다.

나를 죽여야 행복하다

행복하고 싶나요?

나를 내려놓고 나를 죽여야 행복해집니다.

'나'라는 것이 있는 동안은

우리는 결코 행복할 수 없어요.

세상의 위대한 선지식은

모두 자기를 죽인 사람입니다.

나 자신을 바로 보고

자신을 철저히 죽일 때에만

그 자리에서 불심이 피어납니다.

다른 사람의 단점과 약점이 자꾸 보이나요?

자기를 죽이지 않았기 때문이에요.

부인이 미운 남편은 자기를 높이기 때문이에요.

남편이 미운 부인은 교만하기 때문입니다.

모두가 거꾸로 가고 있는 겁니다.

나를 죽이지 않고는

이 세상에 사랑도, 헌신도, 희망도

그 무엇도 없습니다.

일상의 모든 삶에서

나를 죽이고 또 죽여야 해요.

이 세상 어디에도 나는 없습니다.

자기 자신을 극복하는 사람

자기를 넘어서는 사람만이

진정한 참 자아로 살아갈 수 있고

세상을 진정으로 위하는 삶을 살 수 있습니다.

헛된 나를 계속 높이다 보면

결국은 무너져 내려요.

내가 없음을 깨치면

세상 만상은 거룩한 부처임을 알게 됩니다.

죽었다가 다시 살아나야

참 세상에서 부처를 바로 볼 수 있습니다.

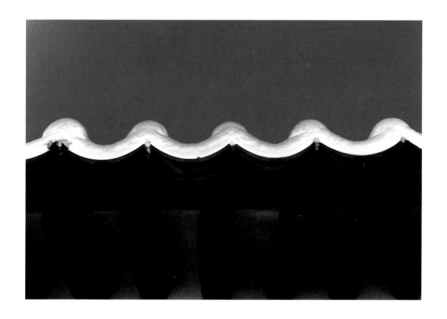

믿음의 첫 출발

진정한 신앙인은
자기 자신을 포기할 줄 알아야 해요.
모든 것을 내려놓아야 합니다.
그래야 믿음으로 들어갈 수 있어요.

자꾸만 나를 버리다 보면
내 안에서 부처님이 드러납니다.
믿음의 첫 출발은
나는 아무것도 할 수 없다는 것이에요.

내가 가진 모든 것이
오물처럼 하찮게 여겨져야
믿음으로 살 수 있어요.
내가 이런 믿음을 가지면
내 몸의 세포가 먼저 알고 먼저 귀의합니다.

자존심과 지존심

아상(我相)은 자존심이고 우월의식입니다.
자존심을 갖게 되면
타인에게 군림하거나 내 뜻에 맞지 않을 경우
원한을 맺게 되지요.

사람들은 누군가에 의해 상처를 받거나
심하게 자존심을 상하게 되면
그 사람을 공격을 하고, 복수를 하고
심하면 자살하기도 하지요.

진실한 신앙을 가진 사람은
지존심을 가져야 합니다.

지존심을 가지면
용서하고, 배려하고, 타인을 사랑하게 되지요.

타인을 위하는 마음, 섬기는 마음
화합하는 마음으로 충만해집니다.

나도 부처요, 너도 부처요,
모두가 거룩한 부처라는 마음으로
섬기고 받드는 마음이 지존심입니다.

사람을 섬긴다는 것

수행의 근본은 인간 존중입니다.
타인의 허물을 보지 말고
그 사람의 참마음을 보아야 해요.

육안으로 그 사람의 모든 것을 다 보되
부족하거나 악한 사람에게는
불쌍하고 안타까운 마음을 일으키세요.

선하거나 훌륭한 사람에게는
사랑과 공경의 마음을 내며
삶의 가르침으로 받아들이면 됩니다.

그런데 우리는 어찌하나요?

나보다 잘난 사람에게는

열등의식을 느끼며 뒷담화를 합니다.

나보다 못난 사람에게는

우월의식을 가지고 상대를 무시하며 상처를 주지요.

남의 단점은 태산,
나의 단점은 티끌

내가 올바르게 잘 살고 있다고 해서
다른 사람의 허물을 들추어 내어
단죄해서는 안 됩니다.
남의 단점은 태산처럼 보이고
나의 단점은 티끌처럼 보이나요?

다른 사람의 약점을 보지 말아야 해요.
내가 훌륭하다 하여 세상을 업신여겨도 안 되요.
내가 진리 자체이기에
나의 선함으로 다른 사람의 악행을 덮어야 합니다.

내 참마음의 의지처

믿음으로 사는 사람은
꿈도, 원망도, 절망도
모든 것을 부처님한테 맡겨야 합니다.

모든 것을 받아들여서
깨달음과 지혜와 복으로 승화시켜야 하지요.

마음을 완전히 비우기 전에는
내가 가진 것이 내 의지처가 됩니다.
의지처가 있다는 것은
신앙이 없다는 것이에요.

그 무엇에도 의지하지 말고
진리의 말씀을 등불 삼아
자신의 참생명 주인공을 등불 삼아
두려움 없이 나아가십시오.

아뇩다라삼막삼보리

아뇩다라삼막삼보리는
모든 것을 초월한 절대 생명의 자리에서 느끼는
완전한 행복, 완전한 기쁨의 세계입니다.

아뇩다라삼막삼보리의 삶은
절대 진리를 깨달은 자가 행하는
절대 사랑, 절대 지혜, 절대 봉사, 절대 헌신
절대 자비를 가리킵니다.

육체적 쾌락의 세계는 지나고 나면 고통을 초래하지만
참생명의 본성품에서 느끼는 환희의 세계는
항상 힘이 솟고 하나로 화합하게 하지요.

아뇩다라삼막삼보리는
모든 인과를 초월한 것이에요.
궁극적으로 깨달은 오온이요, 진리의 화현이고
깨달음 자체입니다.

우리가 살면서
누군가를 탓하고 원망하고 비방하고 싶다가도
바로 그 이면에
그 사람을 이해하고 섬겨야 한다는 것을 아는 순간
아뇩다라삼막삼보리는 내 앞에 있는
세계임을 깨닫게 됩니다.

세상을 잘 산다는 것

사람이 잘 산다는 것은
누군가에게 끊임없이 정신적이든 물질적이든
근원적인 희망과 용기를 주는 것입니다.

불행한 사람은
세상을 위해 아무것도 할 일이 없는 것이에요.

당장은 아무런 희망이 없다 해도
지금 이 순간의 모든 상황을
있는 그대로 철저히 받아들여서
시리도록 기쁘게 살아가십시오.
그러면 잘 살 수 있는 길이 보입니다.

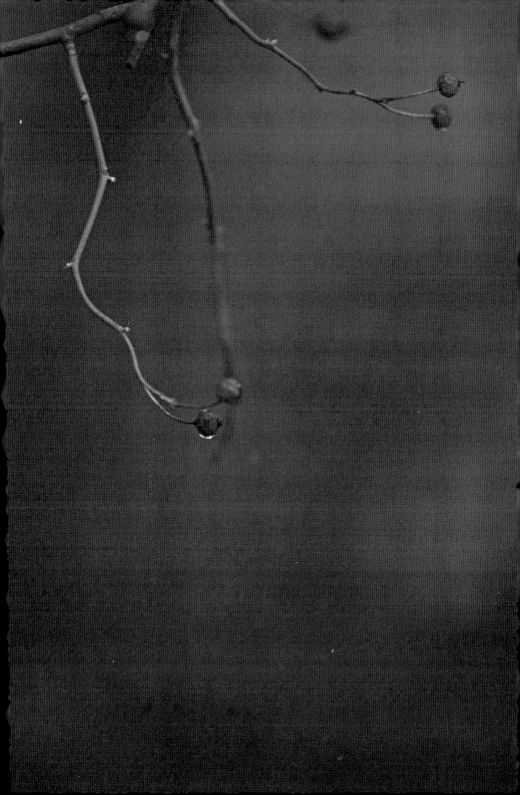

깨달은 사람의 특징

세상에서 가장 행복한 사람은
참된 진리를 깨달은 사람입니다.
그 사람은 정신 건강이 완벽하고
과거를 한탄하지 않아요
미래를 걱정하지도 않습니다.
현재의 삶을 충분히 살 뿐이고
있는 그대로를 볼 뿐입니다.

자신이 가진 작은 능력에도 크게 만족하고
이기적인 욕심이나 자만심
모든 번뇌에서 벗어나
아주 순수하고 관대합니다.

항상 자유롭고 평화로우며
이해와 관용으로 충만하지요.
그는 더 이상 최상의 진리조차 소유하지 않아요.
그의 존재 그대로가 진리 자체이니까요.

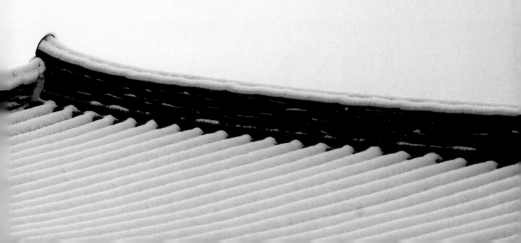

모든 선입견을 버려라

중생의 사리는
탐냄, 성냄, 어리석음이고
부처님의 사리는
지혜, 자비, 광명입니다.

내가 지혜와 자비로 구족되어 마음자락이 넓어지면
내 모든 것을 채워 줄
그런 인연이 나를 원합니다.

우리는 같이 있는 사람한테
잘하기가 가장 쉽지 않아요.
늘 옆에 있는 사람의 베풂은

당연하게 받아들이고
고마움을 느끼지 않지요.

세상에서 타인의 수고를
당연하게 받아도 되는 사람은 아무도 없습니다.

가족이 베푼 사소한 친절에도
고마움을 표현해야 합니다.
혈연관계라는 이유로 당연하게 받아들이고
오히려 더 잘하지 않는다고
불평하지는 않나요?

부부 간에, 부모 자식 간에
서로를 지존으로 섬겨야 함에도
서로가 너무나 함부로 대하다 보니 갈등이 생기고
그로 인해 가정이 무너지는 것이에요.

자신의 마음을 거울로 비추어
찬찬히 들여다보세요.
얼마나 모순이 많고 이기적인 존재인지 알게 될 것입니다.

우리는
나에게 잘하는 사람, 이익되는 사람하고만
관계를 맺고 가까이 하려고 하지요.

진정한 불자는
나보다 못난 사람을 일으켜 세우고
힘을 주고 도움을 주어야 합니다.
진정으로 내가 잘 살려면
다른 사람을 잘 살게 도움을 주어합니다.

우리가 부처님임을 알고
진정으로 부처님의 옷을 입고
다른 사람을 위하는 삶을 살아간다면
부처님은 우리에게
모든 것을 넘치게 주실 것입니다.

살리는 말, 죽이는 말

내가 하는 말이
과거의 나의 모든 잘못을 씻어 내고
내가 하는 말이
현재의 나를 온전한 삶으로 살게 하고
내가 하는 말이
미래의 나의 모든 것을 살려 낸다는
올바른 가치관이 있어야 합니다.

내가 하는 말이
긍정적이고 타인에게 이익이 되고
모두가 화합되는 말을 했을 때
우리는 새롭게 태어날 수 있습니다.

진리의 말씀을 마음에 담고
말씀의 옷을 입고 살아가십시오.

그렇지 않으면
아무리 열심히 살아도
시지프스의 바위처럼
항상 제자리로 원위치 되는 삶을
살게 됩니다.

진리의 말씀으로 사는 사람은
모든 것에 감사하고
모든 일에 담대합니다.
모든 일에 긍정적이지요.
신앙에는 꼼수가 통하지 않습니다.

마음으로 지은 죄는
마음으로 씻어야 하지요.
내가 하는 생각과 내가 하는 행동을
누군가가 다 보고 다 알고 있습니다.

심지어 죽은 사람도
내가 그 사람에 대해서 어찌 생각하는지
다 알고 있습니다.

'내 마음을 내가 말하지 않는다면 누가 알까?'
나와 상대의 마음 안에 있는 진여 불성이
다 보고 다 알고 있습니다.
다겁생에 걸친 나의 모든 선업과 악업까지도
낱낱이 보아 왔고 지금도 보고 있습니다.
결코 속일 수 없습니다.

밝은 말을 하면
그 사람의 운명이 밝은 쪽으로 가고
어두운 말을 하면 어두운 쪽으로 갑니다.

'내 아들은 다 잘 될 거야. 난 믿어.'
라고 진심으로 믿고 말하면
그 아들도 나를 믿음과 사랑으로 대하기에
상생의 에너지가 작용하여 정말 잘되는 겁니다.
말이 씨가 되는 것이지요.

말 한 마디의 공덕이 무량합니다.
말 한 마디가 듣는 사람의 운명을
열리게도 하고 닫히게도 하지요.

집안의 운을 바꾸고 싶으세요?
마음을 좋게 쓰고
말을 부드럽게 하고
항상 남을 위하는 말을 쓰십시오.
복덕을 쌓아 소원을 이루고 싶으세요?
항상 상대를 존중하세요.
진실된 말로 정말 상대에게 잘하세요.
말 한 마디로 천 냥 빚을 갚기도 하고
말 한 마디로 사람이 죽기도 합니다.

항상 선한 말 하고 선한 마음 쓰면
여러분의 소원도 반드시 이루어집니다.

중생심으로 하는 말은
자신의 이익과 욕심과
명예를 위한 것이 대부분이에요.

불심에서 나온 말은

네가 잘되고 내가 잘되고

모두가 행복하기 위한 것이 전부이지요.

내가 하는 말이

그 사람의 생명이 되어야 합니다.

그 사람에게 기쁨과 안락을 주는 말이어야 합니다.

열심히 수행하셔서

말 잘하고

마음 잘 쓰십시오.

그것이 수행하는 이유입니다.

어제는 지나갔고
내일은 아직 오지 않았다

깨달음은

무엇을 구하거나 얻는 것이 아니라

스스로 진정한 자기가 되는 것이에요.

그것은 모든 고통을 받아들일 때 얻어집니다.

삶에서 오는 모든 고통을 다 받아들이면

몸 속의 피가 바뀝니다.

부처님 말씀의 피, 우주 생명의 피로

내 혈관이 다 채워짐으로써

세상의 어떠한 고통도 고통이 아니게 받아들여질 때

비로소 깨달음을 얻은 것입니다.

깨달음은 자유입니다.

내 말과 마음이 바뀌는 것이에요.

모든 생각이 축원이고 기도입니다.

깨달음의 말은 머리가 아닌 마음에서 나옵니다.

다른 사람을 변화하게 하고

향상된 삶으로 인도하지요.

종교의 진정한 꽃은

타인에 대한 이해와 배려와 사랑입니다.

세상을 보는 눈을 바꾸세요.

세상의 소리를 듣는 귀를 바꾸세요.

세상의 것을 따라가지 마세요.

모든 것을 이해하고 용서하십시오.

세상 속에서 살면서

세상 사람들이 추구하는 것을

초월할 수 있으려면 무엇이 있어야 할까요?

내 안의 참 불성 하나만 가지면
다 가진 것이고 영원히 사는 것이에요.
모든 것을 가진 사람은
더 이상 부러울 것이 없습니다.

세상의 것은 다 가져도 껍데기이고
이루고 보면 허상일 뿐이에요.

일체의 고통을 받아들이는 것이
깨달음의 실상입니다.

내일을 걱정하지 마십시오.
어제는 이미 지나갔고
내일은 아직 오지 않았습니다.
지금 이 순간의 마음조차도
잠시도 머무르지 않고 흐르고 있지요.
모든 것은 다 지나갑니다.

지금 내가 할 수 있는 사랑을 하십시오.
지금 내가 해야 할 참회를 하세요.
어차피 내가 해야 할 일이라면
지금 이 순간
최선을 다해서 정말 잘하십시오.

부처님은 내가 오늘 마음을 어떻게 쓰고
어떻게 생활하고 있는지
블랙박스처럼 다 보고 다 알고 계십니다.

한 인간으로 나약해 보이는 내 안에는
참으로 신성하고 청정한
우주의 참생명 부처님이 당당하게 버티고 있습니다.

온갖 번뇌와 괴로움, 집착을 내려놓고
마음을 텅 비우면
참생명이신 나의 부처님을 친견할 수 있습니다.

내가 지존인 부처로서 나를 사랑하고
내 앞에 있는 사람을 사랑하고
유정물, 무정물 모두를 사랑함이
천상천하 유아독존입니다.

모든 고통은
나의 완성을 위한 것

나한테 잘하는 사람에게는
누구나 잘할 수 있습니다.
원수 같은 사람한테도
그 사람을 진리로서 존중하고
나의 지혜로 잘 대할 수 있으면
불행은 없습니다.

그 사람에겐 온전한 축복만 충만할 것입니다.
쉽지 않은 일입니다.
'나' 라는 생각이 다 무너져 내려야 가능하지요.
부처님의 가피와 공덕으로만 가능한 일입니다.

음악의 성인 베토벤은
청각 장애라는 큰 절망을 딛고
불후의 대작들을 남겼습니다.

'훌륭한 인간의 특징은
불행하고 쓰라린 환경에서도
끈기 있게 참고 견디는 것입니다.'
베토벤이 남긴 명언이지요.

절망을 딛고 성공한 사람은
어떠한 고난에도 자신의 삶을 포기하지 않았어요.
그 사람들은 한계의식을 갖고 있지 않습니다.
자신이 꿈꾸는 것은 다 이룰 수 있음을
참생명의 본성품이 다 아는 것이지요.
그들은 결코 행운아가 아니었습니다.

있는 그대로의
자녀를 사랑하세요

자녀에게 능력으로 상처를 주면 안 됩니다.
부모의 주관적인 잣대로
아이의 자존심을 건드리면 안 됩니다.
자녀가 어떠한 악조건에 있더라도
나에게 주어진 인연 그대로를
감사하게 받아들여야 해요.

자녀에 대한 가장 좋은 상을 그려 놓고
거기에 맞추려다 보니 모두가 불행합니다.
아이가 되고 싶은 것을 스스로 그리게 하세요.
그것을 이루기 위해 최선을 다할 수 있도록
기다려 주고 지원해 주세요.

세상을 위하는 마음으로
모든 생명을 섬기는 마음으로 살아가십시오.
타인의 행복이 내 행복보다 더 기뻐야 해요.
타인의 고통이 내 고통보다 더 괴로워야 해요.
그것이 부처님 마음입니다.

가정에 어려움이 있다면 감사히 생각하세요.
그것이 없이는 깨달음이 없거든요.
자식이 고통을 주나요?
그 자식이 없으면 나는 남을 위한 배려심도 없고
타인의 고통도 몰랐을 겁니다.

남편이 무능하게 느껴지나요?
그 남편이 아니면 나는 겸손함이 없었겠지요.
남을 사랑하지도 않았을 것입니다.

나를 만든 자, 나를 세운 자, 나를 깨닫게 하는 자
우리 안의 영원한 부처님을 보고 따라 가십시오.

나의 생각과 말을 믿어라

우리 마음 속에는
우주 참생명의 실상인 부처님이 계십니다.

아무리 천한 사람도 아무리 귀한 사람도
똑같이 부처님임을 믿을 수 있어야 합니다.
마음으로 내 안에 부처 있음을 알고
내가 항상 내 부처님을 보고 있어야 합니다.

부처님은 화내고 원망하고 남을 시기하지 않아요.
모든 것이 은혜이고
모든 공덕은 타인에게 돌리지요.

우리가 사는 세상을 오탁악세라고 합니다.
탐욕과 성냄과 질투로 번뇌가 끊어지지 않지요.
명예, 재물, 권력 등 세상의 자랑거리에
자신의 모든 것을 밀어 넣습니다.
자살, 살인, 사고, 전쟁 등으로
언제 어떻게 죽을지 위태롭기 그지없는 세상입니다.

이 세상은 마치 갖은 구정물이 다 들어오는
혼탁한 연못과 같습니다.
그런데 연꽃은 이곳에서만 핀다는 사실이지요.
어떤 더러움도 피하지 않고
그 중심에 뿌리를 박고 그 물을 먹으며
더러움에 물들지 않고
찬란한 연꽃을 피워 올립니다.

우리는 어떻게 살고 있나요?
흙탕물을 피해서 맑은 물을
더러움을 피해서 깨끗함을
좀 더 좋은 여건, 좋은 상황을 꿈꾸지 않나요?

좋은 상황, 좋은 여건은 그냥 주어지지 않아요.

내가 마음을 바꾸면

모든 상황 모든 여건이 좋아집니다.

내가 마음을 바꾸면

말이 바뀌고, 말이 바뀌니

모든 여건이 좋아지는 것이지요.

마음이 마음대로 잘 바뀌어지나요?

그것은 신실한 믿음에서만 가능합니다.

마음의 눈으로 내 안에 부처님 계심을 볼 때

내가 부처임을 결단코 믿을 때 마음이 바뀌어 집니다.

그때부터 내가 부처로서 말하고

부처로서 생각하고 부처로서 행동하며

살아가려고 노력하는 것이지요.

그것이 수행입니다.

믿음이 없으니 마음에 불화가 있고

마음이 평화롭지 못하니 말을 함부로 하게 되어

모든 여건과 상황을 나쁘게 만들고 있습니다.

자신의 참생명의 주인인 법신불을 믿는 사람은
열등감이나 자괴감이 없습니다.
실패를 두려워하지 않아요.
실패했던 것을 기억하지도 않지요.

크게 성공하고 덕을 쌓으며 살아 온 사람들에겐
공통점이 있습니다.

노비의 아들로 태어나 조선 최고의 과학자였던 장영실
장애를 극복하고 사회운동가로 활동한 헬렌켈러 등
그들은 결코 평탄하지 않은 삶을 살았습니다.
그럼에도 어떤 고통도 어떤 실패도 두려워하지 않았고
주어진 모든 악조건을 극복하려 피나는 노력을 하였고
다른 사람을 배려하고 위하는 마음을 내었기에
세상에 유익한 일을 성취해 낼 수 있었던 겁니다.

그들은 위대한 백련 꽃을 피워 낸 사람들 입니다.
백련은 위대한 불성이에요.
그 불성은 누구도 더럽힐 수도 꺾을 수도 없습니다.

우리들 마음에도

위대한 참생명의 불성이 있음을 믿으십시오.

우리 주변의 모든 사람들이

모두 위대한 연꽃임을 믿어야 합니다.

달을 가리키는 손가락

석가모니부처님이 이 땅에 오신 이유는
우리가 진리임을 알게 해서
무엇이든 원하는 것은
다 이룰 수 있다는 것을 알려 주기 위함인데
사람들이 믿지를 못하니 안타깝습니다.

이 세상의 모든 사람은
생명의 실상으로 보면
일체 중생이 모두 동일합니다.
잘난 사람도 못난 사람도 모두가 자신의 내면에
위대한 우주의 참생명인 부처님이 계시니까요.

우리 생명의 본질이
우주 일심이고 생명일심이며 그것이 참된 나요
생명의 실상임을 알아야 합니다.
그 마음을 쓰며 나아갈 때
우리의 모든 생각과 행동은
아름답고 풍요로워질 수 있어요.

내가 부처로서 말하고 생각하고 행동하지 않으면
삶은 변화가 오지 않습니다.

남편에게, 아내에게, 자식에게, 친한 이에게, 원수에게
누구에게든 말을 할 때는
부처님이 부처님한테 말한다고 생각하고 말해 보세요.
아마도 새로 태어난 듯 생각과 말과 행동이
완전히 바뀌게 될 것입니다.

우리에겐 진정한 믿음이 정말 필요합니다.
믿음 없이 행하는
어떠한 선행도 어떠한 노력도 다 헛된 일이에요.

내가 부처임을 믿지 않으면
어떤 기도도 결코 성취되지 않습니다.

사람들은 교만하고 자기의 견해가 강하여
부처님 진리의 말씀을 믿지 않아요.

진리이신 부처님을 섬기고 공양하지 못함은
자기 자신을 경멸함이요,
다른 사람도 업신여기는 것임을 알아야 해요.
왜냐하면 우리 모두는 우주의 참생명이고
부처님의 자식으로 한 몸, 한마음이기 때문이에요.

우리가 부처님의 분신임을 깨닫고 믿으면
그 순간부터 우리도 부처님과 똑같은
우주 파워를 갖게 된다는 사실을
결단코 믿으십시오.

내 앞에 있는 가족이 모두 부처로서
무한한 능력이 잠재되어 있음을 믿어 보세요.

내가 부처로서

못난 자식도 무능한 남편도 사랑해 보세요.

내 남편은 가족을 아주 많이 사랑하고

세상을 유익하게 하며

모든 것을 잘해 낼 수 있는

무한한 능력이 있다고 믿어 보십시오.

내가 상대를 진정으로 부처님으로 믿고 섬기면

그 사람이 마음을 열고

그 마음에서 무한한 능력이 나오게 됩니다.

범부 중생은 부처가 아니에요.

우리 안에 부처가 있음을 믿을 때 부처가 되지요.

우리 모두는 천상천하 유아독존

지존으로서 부처님이 분명합니다.

이 세상에 의지할 만한 것이 무엇인가요?

재산도, 명예도, 사랑도, 가족도, 친구도

영원한 것은 아무것도 없습니다.

언제인가는 흩어지고 소멸할 무상한 존재일 뿐이지요.

이 세상에 완전한 믿음의 대상은
오로지 진리이신 부처님과
그 부처님의 분신인 나의 참마음뿐입니다.

세상의 것은 내가 사랑해야 하고
그것을 통해 베풀어야 하는 대상일 뿐이지
내가 의지하고 믿어야 할 대상이 결코 아닙니다.

혹시 자기 자신을 하찮게 여기지는 않나요?
내가 지존감을 가지고
내 생각과 뜻을 고귀하게 여기면
시방세계 부처님이 나의 뜻을 그대로 받들어서
이루어 주시고 풍요롭게 해 주십니다.

불난 집에서 나와라

사람은 대부분 한 가지씩 재능을 가지고 있지요.
자신이 가진 재능을 보고도 자신의 사명을 깨닫지 못하면
그 사람은 인생을 제대로 살지 못합니다.

요리를 잘하는 사람은
요리를 통해 타인을 섬기고 기쁘게 하라는 것이
신이 내린 사명이에요.

돈을 벌기 위한 방편으로 요리사가 되어
폼을 잡거나 음식을 가지고 수단을 부린다면
그 사람은 요리사로서 명예를 얻는 대신
언젠가는 뒤집어지고 고통을 받게 되어 있습니다.

세상의 모든 일이 다 마찬가지입니다.

예술을 하든, 정치를 하든, 농사를 짓든

무엇을 하든지 그 일에서 자신의 사명을 깨달으면

그 사람은 모두에게 존경받고

스스로도 기뻐하고 감사하며 살 수 있습니다.

돈은 어떻게 해야 벌어질까요?

내가 진정으로 하고 싶은 일에

온 마음을 기울이되

그 일을 통해서 누군가는 살리고

누군가는 기쁘게 해 주어야겠다는

절대적 사명을 가지고 일을 하면

원하는 대로 다 이루어집니다.

그런데 사람들은 단지 돈을 벌기 위해서

일을 하니 돈은 벌어지지 않고

실패를 거듭하고 삶이 고단한겁니다.

성공도 마찬가지입니다.
어떤 일에서 성공하려면
그 일에 대한 절대적 사명감을 가져야 합니다.

자신의 이익을 위해 윗사람에게만 아부하지 말고
아랫사람조차도 부처님 섬기듯 섬길 때
진정한 성공을 이룰 수 있겠지요.

우리 사회에는 일자리를 얻기 위해서
오늘도 많은 젊은이들이
밤낮없이 공부하고 있습니다.
요즘 일자리를 얻는 것이 결코 쉽지 않지요.

젊은이들이 왜 힘들어하고 왜 절망합니까?
정법 시대에는 삶을 스스로 사랑하고
타인을 진정으로 존경하고 섬기며
내가 마음을 올바르게 쓰지 않으면
그 무엇도 얻을 수 없고, 이룰 수 없어요.
오늘날 젊은이들은 자기가 원하는 일만 하고 싶어 하고
폼나는 일만 하고자 하지요.

설사 내가 원하지 않는 일이더라도
꾹 참고 몇 년만 성실히 해 내면
내가 정말 하고 싶은 일을
할 수 있는 기회가 옵니다.

아무리 작은 일, 하찮은 일이라도
자기의 모든 정성과 열의를 다 쏟아서
그 일에 최선을 다해서 해 낼 때
길이 열리고 복이 생깁니다.
원하는 것은 결코 쉽게 얻어지지 않아요.

우리는 원하던 일이든 원하지 않는 일이든
그 일을 하면서 참을성을 기르지 않고,
사랑, 공경, 자비를 배우지 않으면
사회생활을 하기가 쉽지 않음을 알아야 합니다.

나를 부처님께 던지고
두려워하거나 걱정하지 마십시오.
세상의 가치는 아무리 움켜쥐려 해도 쥐어지지 않아요.
오죽하면 이 세상을 불난 집이라고 했을까요.

세상을 자기가 가진 능력으로 살려고 하는 사람은
세상을 망가뜨리고 자신도 망가집니다.

내면의 질적인 변화 없이는
여러분은 기쁠 수 없고 행복할 수 없어요.
마음의 부처님과 내가 일념으로 하나가 되면
내 안에 한 송이 연꽃이 핍니다.
그것은 영원한 생명의 실상
진리의 꽃입니다.

이 세상은
마음의 세계요, 영의 세계요, 진리의 세계입니다.

이 세상에 필요하지 않은 사람은 아무도 없습니다.
외관으로 볼 때 아무리 능력이 없고
정신적으로 부족한 사람도 부처님의 자식이고
완성된 연꽃을 피울 수 있는 사람임을 알고
우리는 공경하고 섬길 수 있어야 합니다.
그런 사람을 진심으로 공경하고 찬탄할 수 있을 때
우리 안에서 크고 환한 연꽃이 만발하게 되는 것이에요.

나의 진짜 스승은 고통이다

우리 안에는 부처님의 지혜와 자비와
일체의 복덕이 구족되어 있습니다.
그것을 모르고 끊임없이 밖에서 구하며
채워지지 않는 허기를 채우느라 애쓰고 있지요.

어디에서 무엇을 하며 살든
주인의식을 가지고
타인에게 기쁨과 이익을 주면
대승의 큰 삶을 사는 사람입니다.

반면 아무리 지위가 높고 재산이 많아도
내 한 몸의 안락과
내 가족의 풍족한 의식주를 위해서만 산다면
소승의 작은 삶입니다.
우리는 내가 꼭 보아야 할 내 허물은 보지 못하고
다른 사람의 허물을 보고 흉보느라 바쁩니다.
다른 사람이 옆으로 가든, 뒤로 가든 상관 말고
나는 나의 길을 가면 됩니다.

다른 사람이 잘못 가는 것을 보면
그것을 통해 나를 바로잡으라는 것이지
흉보고 욕하라는 뜻이 절대 아닙니다.

부모의 역할

부모의 역할은
자식이 마음을 바르게 열고 뜻을 세워서
세상의 모든 일을 감당해 나가게 하는 것이에요.

많은 부모는
자신의 기준과 잣대로 자식을 평가하지요.

자식이 부족하다면 자식의 마음을 열게 하여
그 부족함을 채워 주어야 합니다.
부족한 자식에게 헌신하라는 것이
부처님의 뜻이에요.

어떤 경우에도 자식을 윽박지르거나
다른 자식과 비교하며 꾸중하면
그 자식은 반드시 실패합니다.

우리는 자식이 모든 것을 갖추고 있음을 믿지 않아요.
학교 성적, 대학의 서열, 돈 잘 버는 직업 등으로
능력 있고 없음을 분별합니다.
자식의 정신세계를 키워 주는 것엔 관심이 적고
오로지 잘 먹고 잘사는 길만 열심히 가르치고 있지요.

우리들 마음에 누구나 가진 참생명의 자리 불성(佛性),
그것을 길러 주는 것이 자식을 잘 기르는 것이에요.
자식의 뜻을 잘 헤아려 주십시오.
자식의 지혜를 길러 주십시오.
자식이 세상의 거목으로 자라게 하십시오.
그래서 많은 사람들이 그 밑에서
안락함을 누릴 수 있도록 뒷바라지하는 것이
큰 삶을 사는 불자의 몫입니다.

참된 인성은 불성

공부는

인생을 살아가는 데 필요한 하나의 도구에 불과합니다.

왜 사는지 어떻게 살아야 하는지를 가르쳐야 해요.

세상을 위해서 무엇을 할 것인지를 찾게 하세요.

참된 인성의 근본은

지존심을 가지고 자신과 타인을 배려하는 것입니다.

참된 인성은 불성이에요.

내가 부처로서

다른 사람도 부처로 섬기는 마음입니다.

자식을 성공시키려는 부모님께

자식에게 숨겨진 장점과 가능성을 찾아내어

그것을 드러내게 하고 빛나게 해 주십시오.

내 자식이 잘났다는 것을 볼 수 있어야 합니다.

무엇을 잘하고 못하는 것에 대해서는 말하지 마세요.

실력이 있고 없고도 말하면 안됩니다.

부모는 자식에게 모든 것을 다 주고 싶어 하지요.

부모가 가진 전부를 주어도

물질적인 것의 가치는 1%에 불과합니다.

참된 부모라면 자식의 마음을 열게 하고

용기를 갖게 하고, 꿈을 갖게 하고 어떤 경우에도

자신의 능력을 다 발휘할 수 있도록 칭찬하고 사랑해야 합니다.

부모의 참된 사랑을 충분히 받지 못한 자식은

자부심과 자긍심이 생기지 않기에

자기의 뜻을 펴지 못하고

세상에서 큰일을 하지 못합니다.

부모님은 나의 전생이고 자식은 내생이에요.

나에게 온 자식은 잘났든 못났든

나에게 꼭 필요한 자식임을 알고

지혜를 주고 믿음을 주어 바르게 세워야 합니다.

부모가 지혜 닦는 공부를 하지 않으면

자식은 바른 길을 가지 못해요.

부모는 자식을 대할 때

능력이 있고 없음만 보기 때문에

늘 부족하게 보이지요.

설사 부모 눈에는 무능하고 바보 같은 자식이라도

부처님 눈에는 위대한 능력을 갖고 있는

완전한 불성을 지닌 자식임을 믿을 수 있어야 해요.

자식은 믿는 만큼, 사랑하는 만큼 성장합니다.
좋은 옷과 좋은 음식과 좋은 집보다는
부모님의 진실한 사랑을 먹고 자라는
영적인 존재임을 잊어서는 안됩니다.

자식을 꼭 성공시키고 싶으세요?
그렇다면 믿음의 말을 하십시오.
나는 너를 믿는다.
나는 네가 모든 것을 다 이룰 것을 확신한다.
나는 너를 사랑한다.
어떤 경우에도 부정적인 말을 하지 마십시오.
어떤 경우에도 아이가 꿈꿀 수 있는 말을 하세요.
네가 꿈을 펼칠 수 있도록 항상 최선을 다해
도와주겠다고 말해 주세요.

그러면 자식의 무한한 능력에 감동하여 기뻐하며
춤출 날이 반드시 옵니다.
그 믿음은 부처님과 내가 일심으로 통해야만 해요.

자녀와 갈등을 겪고 있는
부모님께

자녀와 갈등을 겪고 있는 사람들은
부모가 엎드려야 합니다.
부모가 지혜 닦는 공부를 하지 않았기 때문에
그런 부딪힘이 오는 것임을 깊이 자각해야 합니다.

자식에게 참된 삶의 의미와 목적을 가르치지 않았기 때문이에요.
잘 먹이고 잘 입히고 잘 가르치는 것에만
치중했기 때문이에요.

자식이 자기 뜻을 펴고 능력을 펴서
작게는 가정부터 크게는 세계 인류에 이바지하려는
큰 마음을 갖게 하는 것에 관심을 두어야 합니다.

진정한 자녀 교육

자녀 교육에는 세 가지의 말만 필요합니다.
나는 너를 사랑한다.
나는 너를 믿는다.
너는 무엇이든 할 수 있다.

진심으로 부처님처럼 섬기고 공경하는 마음으로
자식의 마음의 문을 열어 보십시오.

살생, 도둑질, 도박, 술 취하는 것, 인터넷 중독
절대로 해서 안 되는 이 다섯 가지 외에는
자식이 무엇을 하든
큰마음으로 이해하고 사랑해 주면 됩니다.

자식의 일은 스스로 선택하게 하세요.

스스로 선택하지 않은 일은 결코 잘 해 내지 못하기 때문이에요.

일은 그 일을 하는 사람이

열정과 신념과 비전을 가지고 올인할 때

창의적인 능력이 나옵니다.

스스로 선택하지 않은 일에는

책임도 열정도 다하지 않기에

성과 또한 부실할 수밖에 없겠지요.

본인이 의지와 신념과 비전을 가지고

혼을 바쳐 할 수 있는 일을 찾을 수 있게

자긍심을 세워 주고 기를 살려 주는 것이

지혜로운 부모의 역할입니다.

가능하면 간섭하지 말고

자주, 자조, 자립할 수 있도록 키워야 하고

타인에게 기대게 해서는 안 됩니다.

타인에게 기대는 것은
스스로의 마음 속에 잠재되어 있는
부처의 씨앗을 망가뜨리는 것이에요.

의지하는 만큼 자식은
세상을 잘못 살게 됩니다.
거꾸로 가게 됩니다.
지금 크게 탈선하여
고통받는 자식이 있다면 승부를 내야 합니다.

자식이 아무리 잘못되어 있어도
우리는 자식을 끝까지 믿어 주고
어떤 경우에도 사랑으로 품어 줄 수 있어야 해요.

문 닫고 있는 아이는
자신이 받은 상처만 생각하는 아이입니다.
두려움에 쌓여 있는 것이지요.
스스로 일어나야 합니다.

부모는 문을 열어 주고
용기를 주고, 희망을 주고
스스로 일어날 수 있는 환경만 조성해 주세요.
부모가 세워 주면 안됩니다.

자식을 걱정하면 자식 문제는 풀리지 않아요.
걱정하지 말고 자식을 끝까지 믿어 주세요.

부모님 자신이 부처임을 믿으면
자식은 반드시 다시 일어나
백련 꽃을 피우게 됩니다.

불자는 걱정하면 안 됩니다.
걱정한다는 것은
우리의 참생명 부처님을 부정하는 것이기에
신앙이 파괴되고 일도 풀리지 않아요.

믿음이 없으면 매사에 불평하고 불만을 갖지요.
그러기에 모든 일을 그르치고 모든 길이 차단됩니다.

그로 인해 가정의 화목이 깨지고
자식이 잘못된 길을 가고
물질의 축복도 끊어지는 겁니다.

이 세상은 온통 진흙으로 질퍽거리는 연못입니다.
거기에서 내 자신이 부처임을 믿고
연꽃을 피우라는 것입니다.
원하는 것을 다 이루라는 것이지요.

그렇지 않으면 세상은 진짜 늪이 되어서
우리를 시시각각으로 질식하게 함을
우리는 눈뜨고 보면서 살고 있습니다.

부족한 자식도
부처님으로 섬기세요

자식이 비록 부족하고 장애를 가졌더라도
'나는 너 때문에 열심히 살 수 있고
너 때문에 행복하다.'
고 말할 수 있어야 해요.

개미도 불성이 있고, 파리 모기도 불성이 있는데
비록 부족하더라도 만물의 영장인 그 자식을
부처로서 그대로 섬기면
우리의 삶은 그대로 해탈이지요.

모든 사람은 본래 완전하다

우리가 하는 말 한 마디가
집안의 운명을 좌우하고
우리가 하는 생각 하나하나가
자식의 앞날을 좌우합니다.

어떤 경우에도 천한 말 낮춘 말을 써서는 안 됩니다.
어린 아이한테도 존대어를 써야 해요.
우리가 자식의 육체를 낳았다는 이유로
내게 속한 내 소유라고 생각하지만
자식의 영혼은 부처님입니다.

우리는 자식을 낳아서
맛있는 것 먹여 주고
좋은 옷 입혀 주고
좋은 교육 시켜서 남의 자식에게 뒤지지 않게
출세시켜야 한다는 강박관념에 사로잡혀 있지요.

진짜 필요한 자긍심이나 바른 인성은
심어 줄 겨를이 없습니다.
그러다보니 어린 자식부터 다 큰 자식에 이르기까지
자식으로 인한 고통이 끊임이 없습니다.

나는 누구인가?

나는 누구입니까?

나는 우주 생명의 하나의 개체입니다.

무한대 우주 허공은

우주 만물을 탄생시킨 영원한 생명성입니다.

그 분을 우리는 부처님으로 부르지요.

우리는 부처님의 위대한 자식입니다.

이러한 우리의 위대한 영성(靈性)을 모르고는

인생을 제대로 살아갈 수 없음을 알아야 합니다.

원수를 사랑하라는 뜻

마음에 미운 사람이 있으면 병이 됩니다.
원수를 사랑하라는 뜻을
바르게 이해하는 사람이 드문 것 같습니다.

원수가 누구인가요?
내 가까이에 있는 사람이 나를 힘들게 하지 않나요?
그 사람은 나를 깨닫게 하기 위해서 온 인연입니다.
아무리 미워도 용서해야 합니다.

용서하지 않으면 고통은 끊어지지 않아요.
미운 그 사람을 완전히 용서하고
공덕을 쌓아서 해탈을 이루라는 뜻이거든요.

우리에게 오는 고통은 고통이 아니라
깨달음을 주기 위한 선물임을 깨닫고
어떤 일이든 부처님의 마음으로 용서하십시오.

우리는 겨우 먹고사는 일에 급급하며 살아가지요.
먹고 사는 일만 생각하는 사람은
그 일 외에는 아무런 가치를 찾지 못합니다.

모든 문제의 처음은 자신의 마음에 있습니다.
내 자식의 관을 놓고도, 모든 재산을 다 잃고도
기쁜 마음이 있어야 합니다.
그것이 큰 삶입니다.

우리가 세상을 위해서 살겠다고 서원하면
세상을 위하는 지혜가 생기고
그런 재물과 능력도 생깁니다.

먹고살기 위해서 일하지 마세요.
먹고살기 위해서 살지 마세요.
누군가를 위해서 살겠다는 생각을 가지세요.

진짜 공부는
내가 세상을 위해서 마음을 쓰는 것입니다.

우리의 생명줄
부처님의 참생명을 잡아야 합니다.
우리 안에 영원한 참생명, 참마음이 있어요.

그 생명줄을 잡으면
자연히 나만을 위한 삶은 포기하고
자리이타적인 삶을 살게 됩니다.

타인을 위해 헌신하는 삶을 살게 되면
재물은 저절로 쌓여서
충분히 베풀고도 넘쳐나게 됩니다.

포기하지 않으면
모든 것을 얻는다

이 세상의 모든 생명은 무한대 우주 자체로
부처님의 분신이에요.
우리의 본래 마음이 우주 자체이고
우리의 본래 마음이 진리 자체임을 아는 사람은
일불승입니다.

내 앞에 있는 사람을
마음으로 진짜 공경하고 섬기면서
사랑하는 것이 대승의 큰 마음이고
내가 할 수 있는 모든 정성을 기울여
그 사람의 삶을 향상으로 이끌어 준다면
그것이 최상승심입니다.

내가 부처라는 마음으로
다른 사람을 유익하게 하는 삶이 보배입니다.
보배는 우리들 마음속에 있습니다.
우리가 나 자신을 위해서만 살 때는
영감이나 지혜가 잘 나오지 않아요.
절대적인 평화와 기쁨도 잘 느끼지 못하지요.

반면 진정으로 타인을 위하는 삶을 살아갈 때는
불보살님의 가피가 충만하기에
소원하는 대로 꿈이 이루어지게 되어있습니다.

부처님의 믿음으로 하는 일은
주저하거나 두려워하지 않아야 합니다.
천길 낭떠러지 끝에 서 있어도 과감히 추진하면
불보살님이 나를 떠 받쳐서
저 언덕에 이르게 하거든요.

이 세상에서 가장 귀중한 능력은
끝까지 포기하지 않고 스스로 이겨 내는 힘이에요.

이 세상의 승리자는
부처님을 믿고 끝까지 참는 사람입니다.
이 사람은 모든 것을 이루어 낼 뿐만아니라
모든 사람들을 제도하는 공덕도 짓게 되지요.
포기하는 사람에게는 누구도 길을 열어 주지 않아요.

참을 때는 기쁜 마음으로 참아야 합니다.
분노를 가지고 억지로 참는 것은
참는 것이 아니고 자기기만이에요.
그것은 자성부처님께 죄를 짓는 것입니다.

성공을 부르는 삶의 비결

사업을 하는 사람은
그 일이 어떤 일이든
반드시 많은 사람을 위하는 마음으로
많은 사람을 이롭게 하려는 마인드로
사업체를 운영할 때
좋은 아이디어가 나오고
좋은 인연과 좋은 물자가 들어와서
큰 이익을 창출할 수 있습니다.

그런데 단지 돈을 벌기 위해 사업을 하는 사람은
큰돈을 벌기도 어렵고 실패할 수밖에 없습니다.

사업체가 크든 작든
사람에 대한 깊은 애정을 가지고 있어야 하고
돈을 벌어서 일부는 사회에 환원하겠다는 마음으로
사업체를 운영한다면
반드시 큰 성공을 거둘 수 있습니다.

부처님의 자식은 오로지 한 생각
내가 어디에 있든 무엇을 하든
항상 다른 사람의 이익과 기쁨과 행복을 위하는
삶을 살아야 한다는 생각이지요.

이러한 대승의 큰 삶은
내가 행하는 작은 몸짓 하나도
다른 사람을 위하는 삶으로 변화가 됩니다.

우리가 무슨 일을 하든
다른 사람을 진정으로 위하는 삶을 살다 보면
신비로운 깨달음과 우주 에너지가 충만하게 들어와
운명이 열리고 모든 일이 성취됩니다.

세기의 발명품인 전구, 비행기, 컴퓨터 등은

그것을 발명한 사람들이

단순히 돈을 벌기 위해 고뇌를 했다면

그러한 위대한 발명품은 탄생하지 않았을 것입니다.

그들은 인류에 기여하겠다는

보다 큰 마음을 가지고 피나는 노력을 했기 때문에

그런 위대한 발명품이 탄생될 수 있었고,

엄청난 부도 이루게 되었던 것이지요.

나의 참 본성

우리의 육신은 부모님이 만들어 주셨지만
진여 본체 본성품은 부처님으로부터 온 것이기에
부처님의 말씀과 믿음이 들어오지 않으면
영원히 어떤 물질로도 어떤 명예로도 어떤 권세로도
그 텅 빈 마음의 공간을 완전하게 채울 수 없고
채워지지도 않습니다.
채워졌다고, 만족하다고 생각하는 것은
잠시의 착각일 뿐이에요.

오직 부처님의 진리의 말씀과 진리에 대한
깊은 믿음이 가득 차올랐을 때만이
우리는 완전한 기쁨을 누릴 수 있는 것입니다.

죽음에 이르는 병

몸이 아픈 것은 그래도 참을 수 있지만
마음이 정말 아프면 세상을 포기하고 말지요.
진짜 아픔은 영성이 고통스러운 것입니다.

전직 대통령, 재벌 회장, 저명한 교수, 인기 연예인
우리 사회 각 분야에서
나름 최고의 삶을 누렸던 사람들이 자살을 했었지요.
이유가 뭘까요?
자존심이 상해서, 마음이 아파서
절망감이 너무나 깊었기에 스스로 죽음을 택했을 겁니다.

스스로가 위대한 불성을 지닌 지존임을 모르기에
마음에 상처를 받는 것이고
그 상처를 마음에 담으니 아프기 시작하였고
아픔이 극에 달하니 절망하게 된 것이지요.
죽음에 이르는 병은 절망입니다.
지존임을 깨달은 사람이라면
자신을 절망에 이르도록 내버려 두지 않겠지요.

내가 거룩한 부처님의 자식임을 인정하면
마음 가득 참생명의 불심이 충만하기에
어떤 사람이 할퀴어도
어떤 고난이 밀려와도
상처가 마음으로 들어오지 않습니다.

설사 들어오더라도 치유가 되면서
더 큰 지혜와 자비의 마음으로 충만해지지요.
이러한 깊은 신앙심을 갖고 세상을 살아갈 때
어떠한 어려움도 모두 발판으로 밟고 일어서서
무소의 뿔처럼 당당히 나아갈 수가 있는 것입니다.

진실한 말은
영혼을 춤추게 한다

내가 부처님을 믿으려면
이제까지의 나를 썩은 나무토막처럼
버려야 합니다.

나의 본성 참마음은
우주 무한 부처님과 일체입니다.
우리 안에는 부처의 씨앗이 다 들어 있는데
육체라는 껍데기로 덮혀 있어서
불성이 드러나지 못하고 있는 것입니다.

마치 구름에 가려진 태양이

구름이 걷히기 전에는

밝은 빛을 비출 수 없는 것처럼

우리가 부처로서의 본성을 드러내려면

육신으로서의 나를 철저히 부인하고

죽고 또 죽어야 합니다.

육체의 내가 완전히 죽고

세포 속에 박힌 습마저 다 죽고 나면

우주의 참생명인 부처님과 하나임을 깨닫게 됩니다.

학교 폭력으로
고통받는 아이들에게

🍃

요즘 많은 아이들이 학교 폭력을 견디지 못해
스스로 죽음을 택하는 사건이 자주 발생하고 있습니다.

이 문제의 근본적인 해법은
신앙심에 바탕을 둔
강한 자긍심 함양교육 뿐입니다.

상대방이 욕하는 소리, 경멸하는 소리를
마음으로 받으면 절대로 안 됩니다.
설사 육체적 폭력을 당했더라도 그 치욕감을
발밑으로 밟아서 딛고 일어서야만 합니다.

그래야 영적으로 상대보다 위로 올라가면서
그런 폭언과 폭행을 행하는 상대가
불쌍하게 생각되어 상대로부터 받은 치욕감을
상쇄시킬 수 있는 겁니다.

아직 자기 정체성이 확립되지 않은
성장기의 학생들이기에 또래에게 당하는
지속적인 폭언과 폭력에 대한 공포와
상처받은 자존심으로 인한 자괴감이 너무 커서
견뎌 내기가 싫지 않겠지요.

여러분은 부처님의 위대한 생명성을 지닌 지존으로서
그 지존심은 그 누구도 감히 상처 낼 수 없음을
결정코 믿어야 합니다.

자신에 대한 어떤 부정적인 말도
받아들이지 말아야 해요.
두려워하지 말고 주변에 누구에게든 마음을 열고
도움을 청해서 해결하려는 용기를 갖길 바랍니다.

대부분 피해 학생들이

긴 시간 학교 폭력을 당해 오면서도 부모님한테도

털어놓지 못하고 외롭게 죽음을 택한 사건을

대할 때마다 안타깝기 그지없습니다.

학교 폭력 가해 학생들에게

어떤 경우에도 친구를 괴롭히거나 왕따시키는 것은
용서받을 수 없습니다.
여러분 모두는 지존으로서 소중한 존재임을
명심하세요.

여러분 눈에는 아무리 부족해 보이는 친구라 할지라도
그 친구의 내면에도 여러분과 마찬가지로
거룩한 참생명이 들어 있음을 알아야 합니다.

여러분이 친구를 괴롭히는 모든 행동을
여러분의 참생명과 그 친구의 참생명이 지켜보고 있어요.
다 보고 다 알고 있습니다.

친구를 괴롭혀서 죽음으로 몰아가는 일은
세상의 모든 생명을 끊어버리는 것과 마찬가지입니다.
왜냐하면 우리는 우주의 영원한 생명성을 담고 있는
한 몸이고 한 형제이기 때문입니다.

부족한 친구를 도와주고 지켜 주고
힘이 되어 주는 것이 참된 사람의 도리입니다.

친구를 진정으로 사랑하는 것이
여러분 자신을 사랑하는 길임을 깨달으시기 바랍니다.

선생님의 자비심이
아이들을 살려요

학생들을 지도하다가
제자들의 허물과 잘못을 대하면
먼저 자비심이 일어나야 합니다.
그러한 마음 없이 잘못을 지적하고
꾸중하고 체벌부터 가하면
학생들은 결코 반성하지 않습니다.
이것이 사람의 본성입니다.

학생들의 잘못은 오로지 선생님의
인격 완성을 위해서 존재할 뿐입니다.
교사는 지식과 기술을 가르치는 사람이 아니에요.
그것은 어디에서든 습득할 수 있습니다.

선생님은 학생들의 꿈과 희망을 가꾸어 주고

그들을 향상의 길로 인도하는

참된 선지식으로 아이들 마음에 깊이 새겨질 때

사제 간으로 맺어진 인연의 도리를 다하는 것입니다.

세치 혀 아래 도끼 들었다

물질적으로 실패한 것은
다시 일어서면 되지만
사람의 생명을 죽임은
우주 생명을 끊어 버림과 같습니다.
내가 뱉은 악한 말 한 마디가
온 우주 생명을 끊어 버리는 것임을 명심하세요.

한 생각이 천지창조예요.
한 생각이 산하대지를 만듭니다.
말로 표현하는 순간
그 말은 내 인생으로 확증되는 것입니다.

'너는 아무것도 할 수 없어.'

라는 말을 듣는 순간

정말 아무것도 할 수 없는 인간으로

우주에 낙인을 찍어 버리는 것이지요.

그러니 이러한 부정적인 말은 들어도

절대로 받아들이면 안 되는 것입니다.

많은 사람들이 힘들어 합니다.

우리가 영원한 생명의 진리를 모르기에 힘든 거예요.

아무리 힘들어도 모든 것은 다 지나갑니다.

잘 살고 싶다면 자신의 참마음을 믿으세요.

그리고 자신의 말을 신뢰하고 말하세요.

말이 법이고 말이 부처이고

말로서 모든 것을 이룹니다.

믿음이 없으면 행복하지 않아요.

믿음이 온전한 사람만이 행복할 수 있습니다.

자신의 한을 풀려고 하면 풀리지 않아요.

내 앞에 있는 사람의 한을 풀어 줘 보세요.

그러면 내 한도 풀어집니다.

내 앞에 있는 사람을 잘 살게 도와주세요.

그러면 나는 그 사람보다 훨씬 잘 살게 되지요.

내 앞, 내 주변에 있는 사람이 잘되고 기쁘면

나도 잘되고 기쁜 일이 반드시 생깁니다.

이것이 우주법계의 이치입니다.

인간관계의
어긋남에 관하여

인간관계가 어긋나는 이유는
자신이 가진 문제점이 무엇인지는 알지 못하고
상대방의 허물만 탓하기 때문이에요.

내가 상대에게 무엇을 채워 주어야 할까를
생각하지 않고 상대에게 받으려는 마음이 크고
상대에게 받지 못한 것만 원망하다 보니
마음이 단절되고 소통이 되질 않아요.

마음이 모든 것을 만들어 갑니다.

남편은 고정된 상으로서 남편이 아니에요.

아내는 고정된 상으로서 아내가 아닙니다.

나의 한 생각과 한 마디의 말에 따라

부처도 될 수 있고 원수도 될 수 있어요.

진심으로 내가 생각한 것이 부처님께 바쳐지면

그대로 이루어집니다.

마음 아픔을 바치면 병이 낫게 되고

원망과 한탄을 바치면 사랑과 자비를 얻게 됩니다.

반사회성
인격 장애자의 범죄

요즘 사이코패스에 의한 범죄가
자주 발생하고 있습니다.
이러한 반사회적 인격 장애자에 의한 범죄의 본질은
자기 분노, 자기 경멸, 자기 파괴입니다.
아무도 자기를 사람으로 대해 주지 않는 것에 대한
심하게 상처받은 자존감에 대한
강한 분노의 표출이지요.

세상에 어떤 사람이 진정으로 나를 높여 줄까요?
그 누구도 나를 높여 주지 않습니다.
오로지 부처님만이 나를 높이고 존중하지요.

이 법을 모르면
가족도 이웃도 제대로 사랑할 수 없습니다.

우리가 자신을 진정으로 사랑한다는 것은
이기심을 넘어서 지존심을 세우는 것입니다.
지존심은 자신을 불성을 지닌 영적 존재로서
긍지를 지니고 항상 존중하는 것이에요.
지존심은 부처로서의 절대적 존재감입니다.

청소년이
자살하는 이유

많은 청소년들이 자살합니다.
자살의 근본 원인이 무엇일까요?
살아갈 용기를 잃는 이유가 무엇일까요?

사랑받지 못하고 존중받지 못하기에 자살합니다.
물질로 실패한 것은 백번도 다시 일어설 수 있지만
자존감이 무너지고 자괴감이 깊어지면 죽습니다.

자라는 학생들은
부모, 친구, 교사로부터 사랑받고 인정받았을 때
자존심이 생기고 자립심도 강해집니다.

주변 사람들로부터 사랑과 인정을 받지 못하면
자존심이 상해서 세상을 바르게 살아가기가
힘들게 됩니다.

위기의 청소년을
살리는 길

자존심이 상하고 자괴감이 깊어져
절망하고 있는 우리의 청소년들에게

'네 안에는 거룩한 불성이 있고
부처님은 항상 너를 지켜보시고
네가 잘할 수 있게 힘을 주고 계셔.
네가 네 안의 불성을 알아차리기만 하면
이제 부터는 네 마음 안에서
거인같은 힘과 용기가 생길 거야.'
라는 말을 해 줄 사람이 필요합니다.

청소년들의 내면의 불성을 이끌어 내서
자신이 부처님으로부터
최고로 사랑받는 지존임을
결정코 믿을 수 있도록 인도해 줄 사람이
너무나 필요합니다.

청소년들이 세상의 모든 어려움을 이겨 내고
승리자로 살아갈 수 있도록 자신을 헌신하여
아이들을 공경하고 사랑으로 인도해 줄
참다운 선지식이 너무나도 절실히 필요한 때입니다.

그리하여 무너진 아이들이 스스로를 세우게 해야지요.
자주, 자립, 자조심을 심어 주어야지요.
그래야 죽지 않고 살아갈 수 있잖아요.

위대한 연꽃이 싹도 트지 않은 채
땅 속에서 말라 죽어가고 있어요.
이는 우주 참생명의 종자를 죽이는 것이에요.

불교인, 기독교인, 천주교인,
정법을 믿는 모든 신앙인들은
이 땅의 절망하는 아이들을
신앙으로써 바르게 세워 주고
이끌어 주어야 할 책무가 있음을
반드시 자각해야 합니다.

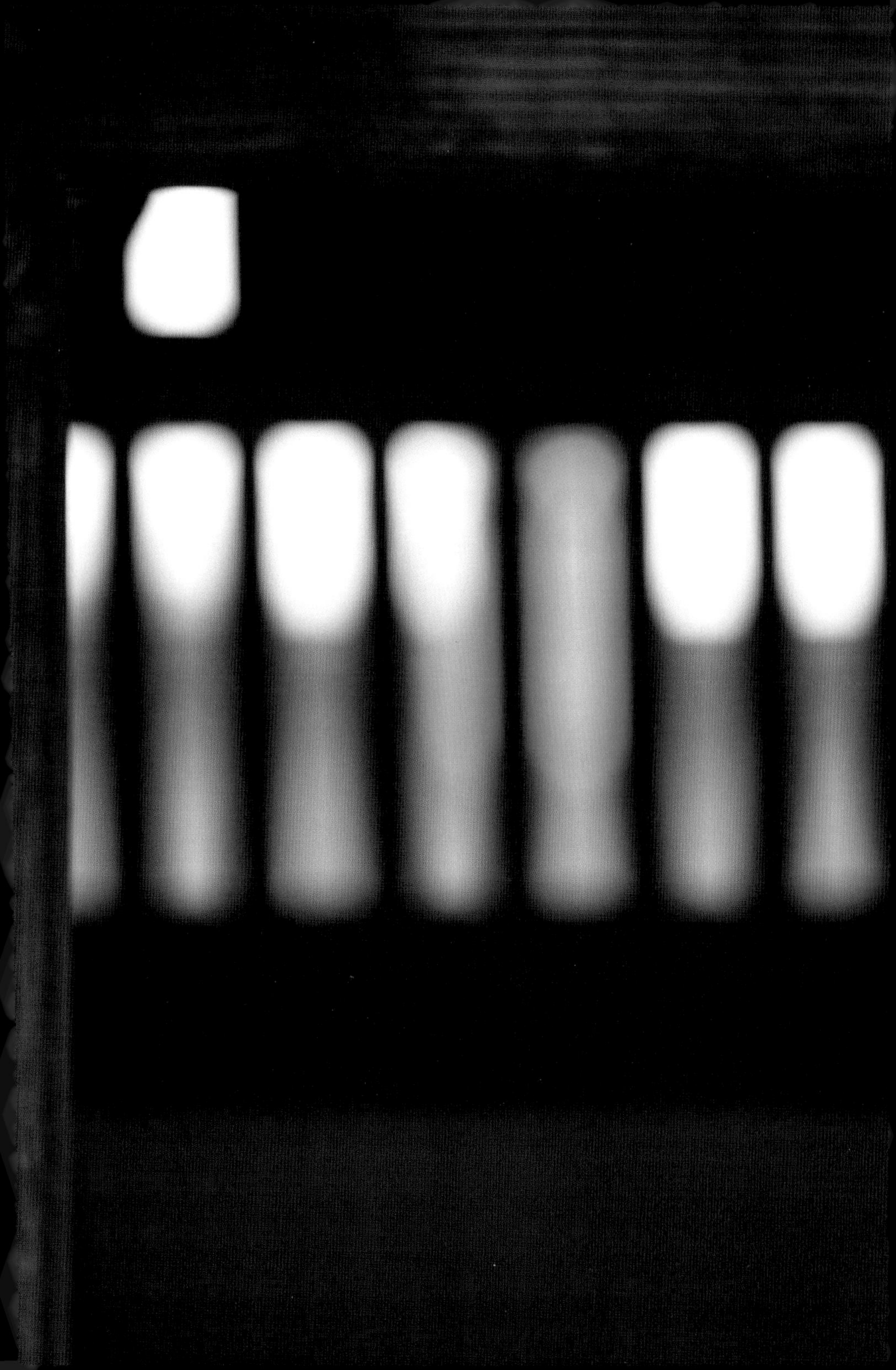

자식의 죽음으로
아파하는 보살님께

🍃

너무나 엄청난 고통은 무엇으로도 위로되지 않지요.
진여 본성품에서 깨달아야만 고통이 사라집니다.

보살님의 아들은 죽지 않았습니다.
단지 말로 위로하는 것이 아니에요.
오직 부처님이 나의 영원한 주인이고
나는 부처님의 자식이라고 확신한다면
보살님의 아들은 부처님의 사자가 되어서
바로 보살님과 함께합니다.

이 세상에 모든 것은 뜻이 있습니다.

인간이 존재하는 것은

부처님의 생명력의 존재이기 때문에

일찍 죽는 것도, 병이 드는 것도

망하는 것도, 흥하는 것도 다 뜻이 있어요.

보살님이 그 뜻을 깨달으라고 그리 된 것이니

그 뜻을 바르게 깨달으면

보살님의 아들은 영원히 삽니다.

누구나 법신 비로자나 부처님

일불승은 법신 비로자나 부처님으로서
영원한 생명 자체를 말해요.

우리의 육신이 죽어서 몸은 다 썩어 없어져도
우리의 본 성품, 참 주인공은
영원한 법신 부처님입니다.
절대로 죽지 않습니다.

그러니 사람을 멸시하고 업신여기는 것은 큰 죄입니다.
그 사람의 지위, 빈부, 남녀 노소를 떠나서
그 사람을 진리로서, 법신 부처님으로서
공경할 수 있어야 해요.

우리가 한 사람을 진리로서 살리면
천만억 채의 절을 지은 것이나 다름없습니다.
한 사람에게 용기를 주고 희망을 주면
무량겁 동안 수행한 공덕과도 같습니다.
반면 사람을 무시하여
죽음으로 몰아가는 사람은
시방세계 모든 보살을 무시한 것이나 다름없는
죄 중에 죄입니다.

몸은 곧 진리이다

세상은 급속도로 발전하여
무한한 물질적인 풍요를 누리고 있음에도
우리의 정신세계는 조금도 향상이 없고
사람들은 진정한 의미의 행복을 느끼지 못하고 있습니다.

우리는 본래 모든 것을 구족한 부처님 자식으로
무한한 능력과 가능성을 다 갖추었음에도
살아오면서 여러 가지 부정적인 자아 개념이
형성되어 패배의식을 키우며 살아가고 있지요.

우리는 자기 자신을

절대 지존으로 존중하고 사랑해야 해요.

자기 자신을 부처님으로 소중히 여기고

진리로서 위하는 그런 삶을 살아가야 합니다.

가난할 수 없는 이유

부처님을 믿는 사람은 가난하게 살지 않아요.
내가 가난할 수 없다고 생각한다면
부지런해야 하고 무슨 일이든 해야지요.

어떤 일도 고통스럽거나 짜증 내지 않고
최선을 다하기에 주변 사람들로부터
인정을 받게 되지요.
그러면 내가 뜻을 이룰 수 있는 기회도
주어지게 되는 것입니다.

아무리 작은 일도 내가 마음을 바치고 뜻을 다하면
작은 일이 아닙니다.
아무리 큰 일도 내가 마음과 뜻을 다하지 않으면
작은 일이 됩니다.
마음은 위대하기에 내가 쓰는 대로 써집니다.
모든 일을 부처님의 일로 생각하며
온 마음을 기울이면 다 이루어져서
마음으로도 물질로도 부자로 살 수 있습니다.

중생의 눈, 부처의 눈

지혜는 자기를 낮추고 타인의 말을 듣는 데서 생깁니다.
내 앞에 있는 사람이 나를 욕하면 욕이 법문이고
칭찬하면 칭찬이 법문이에요.
앞에 있는 사람이 그대로 나의 도반이에요.

절대로 타인의 허물을 보지 마세요.
내 눈에 보이는 모든 것에서 덕을 쌓아야 해요.
부처의 눈은
상대방의 약점을 최고의 장점으로 보는 것이고
중생의 눈은 상대의 장점을 보고
최대한 시기 질투하는 겁니다.

상대방의 단점을 내가 보았다는 것은
내 안에 있는 나의 허물이에요.

우리 눈에 보이는 모든 것은
나의 공부의 제목일 뿐
좋고 나쁘고를 분별해서는
윤회고를 벗어나지 못합니다.

참마음의 웃음으로

불자의 마음은
항상 평화로운 마음
언제나 산란하지 않은 마음
일념으로 집중이 되는 마음에 머물러야 해요.
내가 먼저 밝음을, 기쁨을, 즐거움을
전할 수 있어야 합니다.

내가 어둡고, 짜증나 있고, 우울해 있으면
아무도 나를 믿고 따르지 않지요.

내 참마음의 웃음으로
진아(眞我)에서 나오는 웃음으로
내심락원을 이루는 것
그것이 참불자의 안락행입니다.

잘 참는다는 것

인욕은 단순히 참는 것이 아니에요.
인욕의 속성은 기쁨이지요.
누가 나를 업신여기고 능멸하여도
내가 마음으로 받아들이지 않고
발 밑으로 받아들이며
순간 나는 진리로서 나아갈 때
단순히 참는 것을 넘어서
그것은 인욕바라밀이 되는 것입니다.

법화행자는 언제 어디서나 인욕해야 해요.
항상 선한 마음을 유지하세요.
항상 부드러운 마음을 가질 수 있어야 합니다.

내가 숙이고 하심하면 됩니다.

나를 높이면 투쟁이 되고 원망을 사게 되지요.

법화행자는

언제나 온유하고 화평하고 또 화평해야 합니다.

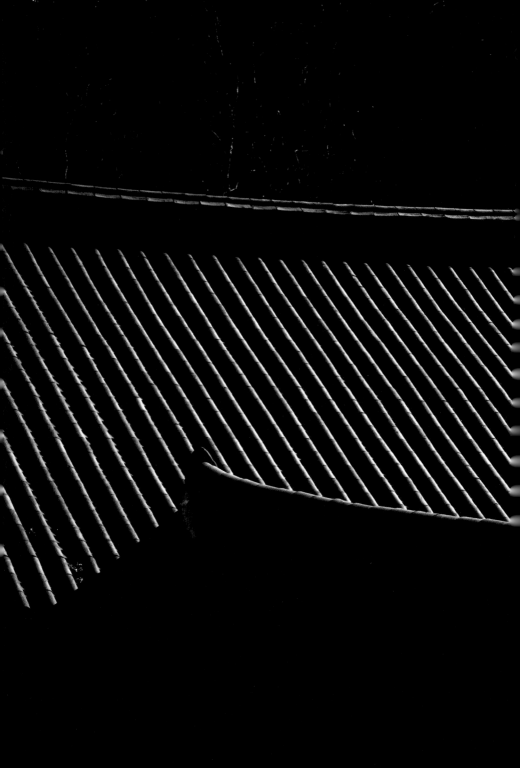

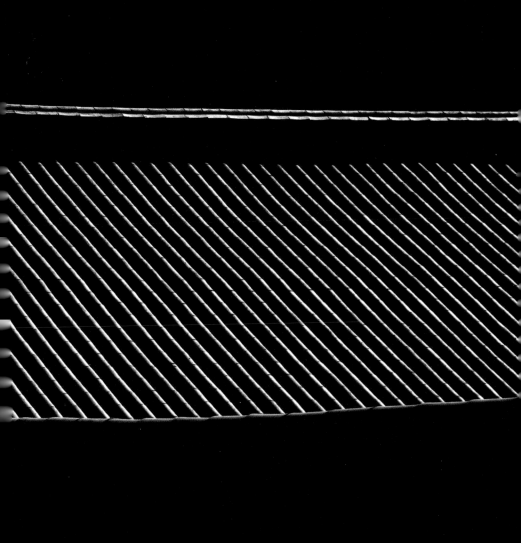

타인의 허물을 말할 때

우리는 남의 허물을 들추어 내어
일삼아 뒷담화하길 좋아하지요.
남의 허물을 듣고 싶어 하는 것은
마귀의 마음이에요.

다른 사람의 허물을 들추지 마세요.
자비심으로 덮어 주세요.
내 허물은 진심으로 참회하고 부처님께 맡기십시오.

남의 허물을 말해 주어야 할 때는
인간적인 신뢰감이 바탕이 되어야 합니다.
내가 그 사람을 깊이 사랑하고 있다는
믿음이 필요한 것이지요.

타인의 허물을 보고 충고해 줄 때는
내가 그 사람을 깊이 사랑하고 있음을
인간적으로 신뢰하고 있음을 보여 주어야 해요.
그렇지 않으면 그 충고는 받아들여지지 않고
오히려 관계만 나빠질 뿐입니다.
부처님은 세세생생 나의 허물을 덮어 주시지요.
우리도 상대방의 좋은 점은 기꺼이 칭찬하고
상대방의 허물은 내 허물로 여기면 됩니다.

이 세상의 모든 허물은
진리를 진리로 보지 못하고
육신의 눈으로 분별하고 있는 내 허물이거든요.

남을 멸시하는 말
우습게 여기는 말을 하지 마세요.

우리가 하는 말이 우리의 미래입니다.
우리의 생각이 사주팔자를 결정짓게 됩니다.

좋은 말, 사랑이 담긴 말, 타인을 공경하고
존중하는 말을 하세요.
내 생각, 내 말, 내 행동이 내 운명입니다.

가족이라는 인연으로
맺어진 이유

가족 공동체는

오로지 덕을 쌓으라고 만난 인연이에요.

최고의 수행 공동체이지요.

부모님께, 부부 간에, 자식에게

무슨 덕을 쌓아야 하는지 깨달으면

그것이 도입니다.

가족은 전생의 빚을 받으러 온 인연들입니다.

가족으로 맺어졌기에 싫든 좋든

필연의 관계가 맺어진 것이지요.

이러한 인연의 뜻은
현생에 반드시 서로를 섬겨서
업을 소멸하고 공덕을 지으라는 뜻입니다.

싫다고 피하면 모든 것이 이루어지지 않아요.
자식이 저능아로 태어났으면
내가 부지런히 그 자식을 섬기며
세상에 덕을 쌓으라는 뜻이고

부모가 덕이 없고 부족하면
자식이 부모를 공경하며 부지런히
덕을 쌓으라는 뜻이지요.

이러한 인연의 뜻을 모르고
거부하고, 갈등하고, 피하면
점점 더 추락하게 되는 것입니다.

부모는 나의 전생이고, 자식은 나의 내생이에요.
지금 우리의 자식이 잘못되고 있다면
우리의 미래가 잘못되고 있음이지요.

자식이 세상에 꼭 필요한 사람으로서 제 몫을 하고
많은 공덕을 쌓을 수 있도록 바르게 기르는 게
부모로서 최고의 도리이고 큰 삶을 이루는 것입니다.

부부 인연, 최상의 도리

부부는
공동의 선한 가치가 일치해야 하고
마음 끝이 맞아야 행복할 수 있습니다.
남편을 보면서, 아내를 보면서
'내가 저 사람한테 어떤 덕을 쌓아야 할까.'
라고 생각해 보신 적 있나요?
우리는 상대를 섬기고 베풀려는 마음보다는
섬김 받으려는 마음이 더 크지요.

가족한테는 잘 못하면서
다른 사람에게 잘하는 것은
위선이고 가식입니다.

내 앞에 있는 내 남편, 내 아내가 나의 스승이에요.
그 스승은 위대할 수도 있고
치졸할 수도 있겠지요.

멀리 있는 사람은 나를 깨닫게 하지 못해요.
가화만사성은 영원한 진리입니다.

내가 사는 집이 법당이고
내 가족은 내가 섬기고 공경해야 할
나의 부처님입니다.

내가 낳은 자식을 섬기고 사랑하지 못하는데
누구를 진심으로 사랑할 수 있겠어요?
가족의 소리를 마음으로 듣고
그것이 어떤 소리이든 소화해야 합니다.
가족의 소리가 진정한 법문이지요.

부족한 자식을, 부족한 남편을, 부족한 아내를
진리로서 사랑하고 섬기어서
온전한 가정을 이루세요.

그곳에서
모든 복과 덕이 생깁니다.

먼저 내 가족과
마음으로 통하세요.
가족 공동체가 무너지면
수행은 모두 허사가 됩니다.

욕심을 뚫고
지혜의 꽃을 피워라

우리의 육근은 마른 땅처럼 매우 강팍합니다.
남의 허물이 자꾸 보이나요?
내 눈으로 보는 모든 것이
진리로서 거룩하게 보여야 합니다.

내가 듣는 모든 소리를 다 깰 수 있어야 합니다.
칭찬의 소리는
'부처님이 들어야 할 찬탄을 내가 대신 듣는구나.'
하고 겸허히 들으면 됩니다.

비난의 소리는
'내가 마땅히 들어야 할 소리를 들어서
나의 업장이 소멸되는구나.'
하고 들으세요.

그러면 내 마음의 강퍅한 땅을 뚫고
생명의 꽃이 피게 됩니다.

우리가 보고 듣는 모든 것은
내가 꼭 보아야 할 것이고
내가 꼭 들어야 하는 것을 보게 할 뿐이에요.
재수 없고, 운이 나쁘다고 생각하지 마십시오.

불안(佛眼)으로 본다는 것

부처님의 눈으로 보면
이 세상 만물은 다 거룩하고 아름다운 꽃이에요.
눈에 가려진 흙덩이를 통하지 않고 보는 것이지요.
우리 참생명의 주인공이 보는 것입니다.

우리들 마음은 시기, 교만, 성냄, 게으름 등이
강팍한 땅처럼 참마음을 둘러싸고 있어요.
그것을 깨기가 쉽지 않지요.

먼저 내 안의 강팍함부터 뚫어 내고
남편의 강팍함을, 아내의 강팍함을 뚫고
그 안에 잠재되어 있는 부처의 씨앗인
여래장을 싹 틔워 꽃을 피워 내야 합니다.

우리는 반드시 내 참생명의 꽃을 피워야 합니다.

이것을 피우지 못하면

한이 맺히고 죽어도 눈을 감지 못하지요.

어떤 사람은 돈이

어떤 사람은 명예가

어떤 사람은 권력이 뚫지 못한 땅이고 한입니다.

먹고사는 문제가 충족되어도

마음은 항상 답답하고 불안하고

뭔가가 채워지지 않는 것은 왜일까요?

서로의 땅이 너무나 강팍하여

소통이 되지 않기 때문이지요.

성내고 탐내고 집착하면

우리의 땅은 점점 다져져서

생명의 싹이 자라지 못하게 됩니다.

마음이 아프고 가슴이 아픈 병은
아무리 사랑하는 가족이라 할지라도
결코 풀어 줄 수 없습니다.
오로지 내 생명의 실상인 부처님만이
풀어 주실 수 있지요.

육근으로 보고, 듣고, 냄새 맡고, 말하고, 생각하는
이 삶을 부수어 버리고
생명의 실상 부처님을 깨닫고
온유의 삶, 자비의 삶으로 나아가라는 것입니다.

내 마음에 푸른 하늘이 있어야 해요.
내 마음속이
부처님 진리의 말씀이 자라는 푸른 동산이 되고
내 마음 속이 부처님의 진리가 꽃피는
화엄 동산이 되어야 합니다.

미움은 영혼을 상하게 한다

미워하는 사람에게는
'당신 행복하세요, 당신 건강하세요.'
'미안합니다, 사랑합니다.'
라고 일심으로 기도하세요.
그러면 그 사람은 바뀝니다.

육체는 땅입니다.
흙으로 돌아가서 없어지는 것이지요.

이 허상인 육체로 인해서
내 영혼의 꽃을 피우지 못한다면
얼마나 한탄스러운 일인지요.

원수도 자비심으로 용서할 수 있어야 해요.

세상은 내 마음에서 어떻게 열고

어떻게 닫느냐에 달려 있습니다.

힘들게 살지 마십시오.

웃으며 살아가세요.

상대방의 말을 끝까지 들으세요.

우리는 누군가의 강팍한 땅이 되어서는 안 됩니다.

무엇이든 수용하는 생명의 터전이 되어 주십시오.

모든 재앙을 부르는 탐·진·치

재앙의 근원은 탐욕이에요.
성냄과 어리석음과 게으름과 시기하는 마음이
재앙을 부르는 것이지요.

매 순간 올라오는 이 삼독심은
사람의 마음으로는 결코 없애지 못해요.
내 생명의 실상 주인공 부처님께
모든 것을 맡기면 탐진치가 없어집니다.

천지 이전부터 우주 생명의 부처님이
나와 한 몸으로 계심을 믿는 순간
번뇌가 없어집니다.

부처님 진리의 말씀이 없이는
우리의 세포 켜켜이 박혀 있는 탐진치 삼독심은
아무리 교양으로 무장을 해도
시시때때로 일어나거든요.

부처님이 내 생명의 근원임을 알고
부처님께 모든 것을 맡겨 보세요.

우리 안에 부처님은
내가 홍해도 좋다 하십니다.
베풀면 되니까요.
내가 망해도 좋다 하십니다.
다시 시작하면 되니까요.
병들어도 좋다 하십니다.
깨달으면 되니까요.
죽어도 좋다 하십니다.
다시 새 몸 받으면 되니까요.

모든 것은 은혜입니다.
우리의 적은 오로지 탐진치 삼독심입니다.

이 적은 내 마음의 주인공인 부처님이
들어오면 밀려서 나갑니다.

우리가 번뇌하고 괴로워하는 것은 다 거짓입니다.
이것은 다 인과로 깨달으라고 온 것이에요.
이 모든 것은 내가 지은 것이니
다 용서하고 내려놓으면
그대로가 우주 극락세계입니다.

참된 믿음으로 사는 사람

부처님은 나를 어디서든 보호하시고
매 순간 일깨워 주십니다.
신념이나 사상은 상황에 따라 바뀔 수 있지만
신앙은 절대로 변하지 않아야 해요.

믿음이 깊은 사람은 자신을 포기하거나 꺾지 않아요.
믿음이 있는 사람은 타인을 멸시하지도 않지요.
내가 부처님임을 믿는데 어떻게 타인을 무시하나요?

참다운 불자는
오직 자 · 비 · 희 · 사,
사무량심으로 마음 씀의 도를 실천할 뿐이에요.

공부해서 남 주는 것

수행의 근본은
타인에 대한 공경과 공양과 찬탄이에요.

흔히 '공부해서 남 주냐.'고 하지요.
공부해서 남 주는 것이 도(道)예요.
돈 벌고, 기술 배워서 남 주고
도 닦아서 남 주는 것입니다.

무슨 일이든 열심히 해서
세상을 위해, 타인을 위해
이익되는 일을 하라는 뜻입니다.

존재의 기쁨

내가 부처이고
부처님이 날 사랑하시고, 이끌어 주시고
일깨워 주시고, 항상 지켜 주신다는 것을
스스로 마음속 깊이 명백하게 깨닫고 있으면
법락을 느끼는 사람이에요.

아무것도 갖지 않고도
행복할 수 있어야 해요.
어떤 조건도 없이
내 마음에 항상 기쁨이 있으면
그것이 법락(法樂)이에요.

조건이 있어서 행복한 것은
그 조건이 없어지면 행복도 없어지기 때문에
완전한 행복이 아닙니다.

걱정이 아무리 많아도 걱정하지 말아야 해요.
오늘까지 살고 내일은 없다고 생각하세요.
내일은 또 오늘이니까요.

걱정하면 모든 일이 틀어지게 되어 있어요.
자식을 걱정하면 자식이 안되고
남편을 걱정하면 남편이 안되고
사업을 걱정하면 사업이 안됩니다.

세상의 이치로는 걱정하는 것이 도리이고 인정이지만
불법에서는 절대로 걱정하면 안 됩니다.

복을 짓는 마음

복은 마음을 쓰는 것에서 나오는데
내 마음이 부처님하고 일치가 되었을 때
쓰는 모든 마음은 복이 됩니다.

불가(佛家)에서는 사람을 만나면
공손히 합장을 하고 머리를 숙이지요.

이는 당신 안에 있는 위대한 불성에
나의 위대한 불성이 공경을 표함이고
'당신이 미래에 부처님입니다.'
라는 뜻을 담은 거룩한 인사 법이에요.

선근공덕의 핵심은

당신이 부처라는 것을 진심으로 말하는 것이에요.

풀 한 포기, 벌레 한 마리에게도

'당신의 생명성은 부처요.'

라고 말할 수 있어야 합니다.

산천초목 일체 우주생명 모두가

한 생명임을 꿰뚫어서

매일 염불하듯 '당신이 부처요.' 라고 할 수 있으면

모두가 부처님과 한 몸임을 증득한 것입니다.

진정한 충고

다른 사람한테 충고를 할 때는
내 사랑과 생명을 던지는 말을 해야 통합니다.
그렇지 않은 상태에서의 충고는
상대를 경멸함이 되고, 무시함이 되지요.

사랑과 자비가 깔려 있지 않은 교육과 충고는
받아들여지지 않습니다.

참된 신앙

신앙생활을 해도 여전히 어려움이 있나요?
그 어려움은 나를 더욱 크고 강하게 성숙시키기 위해
담금질을 하는 것이에요.

죽은 자식의 관을 잡고도
'부처님 감사합니다.' 라고 할 수 있으면
신앙은 완성된 것이지요.

대서원의 성취는
내 실력이나 내 노력과는 상관없이
오로지 믿음으로 이루어지는 것이에요.
내게 믿음이 있으면 무엇이든 이루어집니다.

부처님을 믿지 못하면서
아무리 염불을 하고 참선을 해도
기도는 성취되지 않아요.

세상을 바꾸는 사람은 진리에 대한
영원한 믿음이 있어요.
그는 신앙이 온전한 사람이에요.
일체의 복은 믿음에서 나옵니다.
당신의 지혜와 자비로 내가 살겠노라고 선언하면
내 마음 안에 완전한 평화를 이룰 수가 있어요.

우리는 모두 영원한 참생명을 지닌
소중한 존재입니다.
방황하는 자식도 못된 짓 하는 남편도
불쌍히 여겨야 해요.

저능아도 살인자도
모두의 본성에는 드러나지 않았을 뿐
영원한 참 생명의 불성이 엄연히 존재함을
우리는 결단코 믿어야 합니다.

인간 본연의 허무감을
극복하는 방법

사람은 아무리 부유하고
아무리 높은 지위에 있어도
마음은 항상 허공과 같이
텅 빈듯한 허무가 있게 마련이지요.

그 텅 빈 공간은 오로지 진리의 말씀으로만
채워질 수 있습니다.
그 텅 빈 공간을 채우지 않고
아무리 열심히 살아도
모든 것을 다 얻고, 모든 것을 맘껏 누려도
결코 만족할 수 없습니다.
세상의 가치는 만족되는 것이 아니기 때문이에요.

물질이나 지식으로 세상 사람들에게 베푸는 것도
의미 있는 일이고 소중한 가치가 있지요.

그러나 무엇보다 소중한 공덕은
진리를 깨달아서 이웃에게 전하고
그 진리로서 내가 없는 마음으로
항상 미소를 머금고 이웃을 위할 수 있다면
우리의 모든 업장은 소멸되고
길이 열리게 됩니다.

우리가 깨달음을 얻은 자로서
타인을 유익하게 하고 향상으로 이끌어
완전한 기쁨을 누리게 하는 것이야말로
어떤 것으로도 대신할 수 없는 무량한 공덕이
생기는 일입니다.

일상에서 도를 닦는 법

먼저 내 가정을 믿음과 기쁨으로
온전한 가정으로 만들어야 합니다.
우리가 진정으로 진리를 깨달아서
내면에 환희심이 충만하면
힘들게 하던 자식도
속 썩이던 남편도 내게 마음을 열고 다가옵니다.
미운 이도 원수도 기적처럼 마음을 열어 옵니다.

우리가 조건이나 바램이나 욕심을 가지고 하는 일은
그것이 비록 좋은 일이라 할지라도
덕을 쌓는 것이 아니고
오히려 덕을 잃어버리게 되지요

우리의 업을 소멸하기 위해서는
오로지 진리와 부처님 가르침을 믿고
무아로, 청정한 마음으로, 불심으로써
덕을 쌓아야 합니다.

지금 이 순간에 내 앞에 있는 사람이
부처님이라고 생각하세요.
그 사람이 하는 모든 말은
좋은 말이든 거슬리는 말이든
부처님의 법문이에요.

학생을 가르치는 교사에게는
매일 만나는 제자들이 부처님입니다.

아이들의 내면에 지닌 참생명의 불성은
어른과 다를 바 없는
거룩한 존재임을 알고 인격적으로 대해야 합니다.

사랑과 자비가 깔려 있지 않은 교육은
받아들여지지 않아요.

학생들에게 지식을 전달하는 '선생'이 아닌
학생을 섬기며 인생의 참된 길을 인도하는
'스승'이 되어야 합니다.

상인은 손님을 최상으로 섬겨야 하고
정치인은 국민을 지존으로 섬겨야겠지요.
깨달음은 멀리 있지 않아요.
내 앞에 보이는 사람을 섬김으로서
복이 생기고 깨달아집니다.

법등명으로 사는 불자

매사에 '부처님 감사합니다' 하면
어떤 재앙도 복으로 변화됩니다.

우리가 진정으로 부처님의 제자라면
매일 부처님 말씀으로 기뻐해야 해요.
내가 힘들수록 괴로울수록
덕을 쌓을 수 있는 절대의 기회입니다.

믿음을 가지고 사는 사람은
겉으로는 슬프고 힘들 수 있어도
내면에서는 진리의 기쁨이
도도히 흘러가야 합니다.

'나는 나의 가족을 잃었어도
나의 모든 것을 다 잃었음에도 불구하고
나는 믿음으로 진심으로 기쁘다.'
이 말을 전할 수 있을 때
우리는 새로운 삶으로 다시 태어나는 것입니다.

완전한 기쁨

열반의 기쁨은
기쁨이 없는 기쁨이에요.
진리의 기쁨은
만들어지거나 조건에 의해 생긴 것이 아닙니다.
존재 이전부터
영원한 나의 생명으로부터 오는 기쁨입니다.

이런 참된 믿음에서 오는 기쁨을 가지고 살아갈 때
내 자신도 완전한 변화가 일어나고
내 안에 있는 일체의 병이 다 사라집니다.
내 안에 있는 일체의 업이 다 소멸됩니다.

우리가 진리의 참된 믿음을 이웃에 전할 때
세상에 슬픈 사람에게 이 법을 전할 때
진정한 공덕이 성취되는 것입니다.

완전한 기쁨은
해탈의 기쁨이요, 성불의 기쁨입니다.

업장을 소멸시키는
한 가지 방법

이 세상에 모든 것은
살아가는 데 필요한 도구입니다.

오로지 한 마음
부처님에 대한 진실한 믿음 하나로서
전생, 현생, 내생의 업장을 소멸시킬 수 있습니다.

'부처님 감사합니다.
정말 감사합니다.
부처님 믿고 기쁘게 살겠습니다.
모든 것을 잃어도 감사하고
지금 죽어도 감사합니다.'

라고 말하면

우리의 다겁생의 업보는 순간 소멸됩니다.

지금의 인연이 최고다

우리 주변의 모든 존재가 다 영원한 생명입니다.
우주 생명 자리에서 보면
존재의 이유가 없는 것은 아무것도 없지요.

항상 살아 있는 모든 존재를
가벼이 여기지 마세요.
심지어 파리, 모기의 생명도 소중한 것이지요.
해충이니, 독초니 하는 것은
사람의 입장에서 분별한 것일 뿐
우주 입장에서 보면 모두가 영원한 생명입니다.

나를 미워하든, 비방하든
설사 망하게 했을지라도
그 사람의 껍데기인 사람을 보지 말고
그 사람의 참생명인 참마음을 보고
그를 부처님으로 공경하고 섬길 수 있다면
참 불자입니다.

우리가 일상생활에서 쓰는 마음은
사람의 마음이에요.
그것은 탐냄, 성냄, 어리석음에서 비롯된 마음이기에
실다운 마음이 아닙니다.

심지어 선한 마음이나
남에게 잘하는 마음까지도
사람의 마음에서 나오는 것은 실답지가 않습니다.

오로지 우리의 진여 일심
부처님으로부터 받은 참마음에서 쓰는 마음만이
진심입니다.

우주 생명의 근원 부처님

일불 사상은
이 우주는 한 생명체라는 뜻입니다.
절대자이신 영원한 생명 부처님은
우리의 주인이고 이 우주의 주인입니다.

우리는 죽으면 우주의 주인에게 돌아갑니다.
부처님 본래의 생명으로 돌아가는 것이지요.
그것이 아미타의 세계요, 성불이고 해탈입니다.

부처님 가르침의 핵심은
모든 존재의 실제 모습은
영원한 생명인 부처님이라는 것입니다.

불자는 자신이 절대 부처로서 확신이 있어야
남을 부처로 섬길 수 있어요.
남이 아무리 저주하고 미워하더라도
끝까지 그 사람의 불성을 믿어야 해요.
그 믿음이 무너지면 모든 공덕이 사라집니다.

원수를 사랑하세요

나에게 잘하는 사람한테 잘하는 것은 복이 아니에요.
그것은 빚 갚는 것에 불과합니다.
나한테 악하게 대하는 사람한테 잘했을 때
복이 되고, 덕이 되고, 해탈이 되지요.

부처님을 믿는다는 것은
진리로서 바보가 되는 것이에요.
이래도 흥, 저래도 흥, 속없는 사람처럼 보이지만
안으로는 칼날 같은 지혜로서 다 쪼개어
다 보고 다 알지만 자비심을 일으키어
절대 긍정의 마음만 일으키는 것입니다.

조용히 앉아서 차 마시는 것이 잘 사는 것이 아니에요.
우리들 마음에 원망과 미움이 있는 한
어떤 기도도 어떤 선행도 가치가 없습니다.

내가 부처로서 지존심을 가지고
원수도 미운이도 고운이도 공경하고 공양해야
복이 되고 덕이 되어 모든 것을 다 성취합니다.

불자의 마음 씀의 도리

인간 마음인 나는 이기적이기 때문에
진정한 사랑이 불가능합니다.

내가 잘하는 것을 시기하지 않고
진심으로 박수를 쳐 줄 사람은
부모님과 부처님 뿐이에요.

남편이나 자식이
친구나 동료들이 나에게 악하게 대하면
우리는 미워하고 원망하는 대신
불쌍히 여기는 마음을 일으켜야 합니다.

그 사람이 친한 이든 원수이든
부처님은 나에게
모든 생명을 동등하게 사랑하는 마음과
불쌍히 여기는 마음을 줍니다.

자식이 잘할 때는 기쁨으로 사랑하고
자식이 잘못할 때는 피눈물을 흘리면서도
사랑해야 하는 것이에요.
그것이 자비의 신통력입니다.

희심(喜心)은
타인의 영광을 기뻐하는 마음이에요.
다른 사람이 잘되었을 때
진심으로 기뻐할 수 없다면
나에게 어떤 기쁜 일도 생기지 않음이
도(道)입니다.

다른 사람의 자식이 성공했을 때
기뻐하고 박수를 쳐 주면
내 자식은 그 자식의 리더가 될 수 있는 자식으로 만들어 줍니다.

반면 다른 사람이 잘못되었을 때
고소해 하고 뒤에서 박수를 치고 있다면
우리의 삶은 점점 더 불행으로 내려가게 되는 것이 불법입니다.

사심(捨心)은
잘난 사람이든 못난 사람이든
절대 평등한 마음으로 대하는 것이에요.

일체 마음 씀에 있어서
공평한 마음으로 내 마음을 써 나간다면
부처님의 위대한 신통력이
내 안에서 일어나게 됩니다.

나보다 훌륭한 사람, 열심히 하는 사람을 보면
존중하는 마음을 내면 됩니다.
나보다 부족한 사람을 보면 불쌍히 여기는 마음으로
무엇을 도와줄지 어떻게 함께할지를 생각한다면
자기 안의 능력이 무한히 펼쳐지게 될 것입니다.

마음의 귀로 들어라

관세음보살님은 모든 소리를 듣는 부처님이에요.
부처님은 내 몸의 소리, 마음의 소리, 영혼의 소리
일체의 모든 소리를 다 듣지요.
다 들어 줌으로써 나를 깨닫게 하고
진리로 이끌어 주고
내 원을 성취시켜 주는 것입니다.

우리가 관세음보살을 염한다는 것은
원수의 소리든 친한 이의 소리든
누구의 소리든 다 듣겠다는 뜻입니다.
남편의 말, 부인의 말, 자식의 말은 듣지 않고
귀를 막고 있으면서 관세음보살을 천만 번 불러도

관세음보살은 감응하지 않아요.
신앙은 일방통행이 아니거든요.
내가 세상의 어떤 소리도 들을 수 있을 때
부처님도 내 얘기를 다 들어 줍니다.

내가 관세음보살을 부르면
내가 만나는 모든 사람이 관세음보살이에요.
최고의 인생 공부는 사람 대하는 공부입니다.

내가 많이 배웠든 많이 가졌든
이 모든 것은 내 앞에 있는 사람들에게
의미 있게 쓰라는 것입니다.

물질을 많이 가진 사람이나
세상의 명예를 얻은 사람이
성공했다고 보는 것은 하나의 관점일 뿐입니다.
총체적 관점에서 보면
많이 가진들, 높은 지위를 얻은들
그것을 의미 있게 베풀지 못한다면
아무런 소용없는 것입니다.

기쁘게 참는다는 것

내가 이룰 원이 클수록
받을 복이 수승할수록
먼저 태산 같은 장애가 옵니다.

수행의 99%는 인욕이에요.
인욕의 중심에는
기쁨과 환희가 있어야 해요.

누군가 나를 힘들게 하고 고통스럽게 할 때
그것을 즐길 수 있으면
시방세계의 모든 관세음보살이
나와 함께하며 나를 돕습니다.

우리는 관세음보살을 염하면서도
내 앞에 있는 사람이
우리 마음을 돌덩이처럼 누르고 있는 그 사람이
관세음보살임을 모르고 있습니다.

내가 대자대비심으로 충만할 때까지
세상의 고통은 나를 누릅니다.
나를 누르고 있는 것을 치워 주는 것이 자비가 아니고
내 마음의 밑바닥이 확 열려서
고통이 밑으로 빠져나가게 하는 것이
관세음보살의 자비입니다.

내 힘든 환경이
나를 힘들게 하는 사람이 관세음보살입니다.
받아들이세요.
내 모든 것을 기쁨으로 참고 받아들일 때
만공덕이 생깁니다.

마음의 위대한 소화기관

관세음보살은 우리 마음의 위대한 소화기관이에요.
어떤 것도 다 마음으로 소화할 수 있어야 해요.
세상의 모든 소리를 듣고 마음에서 삭이지 못하면
우리는 마음에 병이 걸려 살 수가 없습니다.

마음은 닦는 것이 아니고 좋게 쓰는 것이에요.
세상의 모든 소리를 다 쓸어 담아서
마음에서 소화시키세요.
어떤 말도 다 소화를 시키면
관세음보살의 대자대비가 가피로서
우리의 육체에 충만하게 됩니다.

내 앞에 있는 사람들
가족, 부모, 형제, 친구, 동료를
잘 섬기는 것이 진짜 공부요
참된 박사학위를 취득하는 것입니다.

진실한 마음은
만병을 치유한다

일상의 삶에서 항상 부처님을 생각하고
공경하고 공양하는 마음으로
그 은혜를 생각하면서
일념으로 하는 일에 전념한다면
그 자체가 소신공양입니다.

모든 일에 있어서 내가 하는 일은
큰 일이든 작은 일이든 불사(佛事)가 되어야 해요.
우리 가정이 법도량이라고 생각하고
밥을 짓는 일은 부처님께 공양 올림이요
청소를 함은 도량을 청정히 한다는 마음으로
모든 일에 내 마음과 뜻을 다하여

불심으로 정성을 다한다면
그 자체가 소신공양입니다.

병은 마음의 불화에서 옵니다.
내 욕심대로 안 되는 것 때문에 아프지요.
마음이 비뚤어져 있고
몸이 병들어 있는 것은
내가 일심을 쓰지 않기에 오는 병이에요.

한마음이 청정하면, 한 몸이 청정하고
한 몸이 청정하면, 시방세계가 청정하다 했지요.
육체적으로 오는 어떤 병도
우리들 마음에 미움과 원망이 없다면
약 먹고 치료 받는 대로 낫게 되어 있습니다.

먼저 내 마음에 미움과 원망을 없애세요.
고집불통이라 하잖아요.
고집을 부리면 몸 안에서 기가 통하지 않아요.
다른 사람과 소통도 되지 않습니다.

병은 약물 치료만으로는 못 고칩니다.
마음에서 미운 사람을 용서하세요.
원망하는 마음을 내려놓으세요.
짜증 내거나 화내지 마세요.
병의 근원은 고집불통임을 명심해야 합니다.
병은 내가 마음에서 고치면
99%는 나은 것이에요.

불교에서는 아픈 것도 수행입니다.
아프다는 것은
내가 잘못 살았다는 것을
몸으로 보여 주는 것 뿐이에요.

혈압이 높다는 것은
성질 부리지 말라는 뜻이고
당뇨가 있다는 것은
먹는 것에 집착하지 말라는 뜻이지요.

마음이 뒤틀려 있으니
성질을 부리고 많이 먹는 거예요.

마음을 부처님께 모두 맡기면
병은 지나갑니다.

마음에 응어리가 없고
아무런 회한이 없으면 병이 없는 것이지요.

내가 아프다는 것은
삶을 바꾸라는 의미입니다.
아픈 사람은
반드시 깨달아야 할 일이 있고
상대에게 잘해야 할 일이 있고
참회해야 할 일이 있는겁니다.
그 원인을 찾지 못하면
병이 낫지 않아요.

우리에게 오는 모든 고통은
본인이나 그것을 보는 가족이
깨달으라는 뜻입니다.

영약은 마음의 약이지요.
매일 부처님께
소신공양 올리는
신실한 마음을 가지면
모든 병은 지나가고
영원한 생명의 몸을
얻게 됩니다.

가장 타인을 위한 삶이
가장 나를 위한 것

연꽃은 청정하지 않은
진흙탕 연못 속에 뿌리를 박고 핍니다.

내 주변에 있는 사람들이
나를 힘들게 하고
모든 것이 내 뜻대로 되지 않는
내가 사는 이곳이 연못이에요.

우리는 이 연못에서
내게 오는 모든 고통을 통해 깨달음을 얻지요.
그렇지 않으면 완전히 썩어서
흔적없이 사라지게 됩니다.

내가 참생명의 부처임을 알고
나에게 걸리는 인연들이
나를 완전한 깨달음으로 이끌어가는
부처임을 알고 섬김을 다하게 되면
시궁창은 청정수로 변화되고
나를 힘들게 하던 모든 일과
인연들은 다 나를 도와주는
선한 인연으로 변화됩니다.

우리는 아직 싹트지 않은 연꽃 씨앗이지요.
살고 있는 집과
마음을 다해 일하는 일터와
같이 살고 있는 사람한테 뿌리를 내려야 합니다.

연꽃이 진흙탕을 뚫고 꽃을 피우듯
나를 괴롭게 하는 사람을 용서함으로써
나를 한 맺히게 하는 자식을
자비심으로 보듬어 안음으로써
우리의 연꽃도 피게 되는 것입니다.

한 송이 백련 꽃을 피우기 위해서는
나를 괴롭히는 남편의 거친 행동도
자비심으로 받아 내야 하고
나를 괴롭히는 아내의 피곤한 잔소리도
오로지 자애심으로 받아들여야 합니다.

연꽃이 피어남은
우리의 뜻을 이루는 것입니다.
우리가 세상의 영원한 승리자로 사는 것이지요.

일체 유심조
불자는 참생명력의 진여일심을 써야 합니다.

연꽃은 세상을 사랑하는 사람이 피웁니다.
우리는 세상에 그저 온 게 아니에요.
나의 본래의 생명력 그대로
항상 절대 긍정하고 절대 감사하며
이 한 송이 연꽃이 완성될 때까지
수행하는 것이 참다운 불자입니다.

세상을 보는 참된 눈

부처님의 가르침은
세상을 보는 눈을 바꾸어 놓습니다.
우리가 살면서 일어나는 일체 모든 일은
좋은 일이든 나쁜 일이든
모두 나에게 필요해서 오는 것이에요.

그런데 우리는 좋은 일이 생기면
복 받았다 여기고
나쁜 일이 생기면
죄가 많아서 생겼다느니
재수가 없다느니 합니다.

세상을 이런 식으로 육안으로만 보면
문제의 본질을 볼 수 없기 때문에 답이 없어요.

무슨 일이든 마음에서 미리 부정을 하면
아무것도 이룰 수가 없어요.
마음에서 된다고 믿고 이루겠다고
의지를 갖고 있어야
당장 안 되더라도 나중에라도 이루어지는 것입니다.
본성 자리에서 무슨 일이든 이루었다고
믿어야 이루지는 것입니다.

마음 법은 자기 의지가 있으면 이루어지는 것이고
자기 의지가 없으면 이루어지지 않아요.
그리고 참생명 참마음이 알아듣지 못한 말은
지식에 불과합니다.

참마음의 자리에서 행하는 것만이 공덕이에요.
내가 했다는 생각으로 아무리 좋은 일을 해도
공덕이 되지 않아요.

베풀었다는 생각, 억울하다는 생각,
밉다는 생각으로 아무리 많은 일을
해도 그것은 업보만 지을 뿐 아무런 공덕이 없습니다.

힘들다는 생각을 갖고 육체적으로 하지 마시고
마음이 진정으로 기쁘게 행하는 일이어야만
바라밀이 되는 것입니다.

자존심과 지존심의 차이

자존심의 근본 뿌리는 이기심이고
내가 잘났다는 생각에서 비롯되는
상대적인 개념이에요.
일종의 우월의식과도 같지요.

지존심은 천상천하 유아독존과 같은
절대적인 존재감
불성을 지닌 한 인간으로서의
자기 존재에 대한 존중감입니다.

자존심을 가지고 하면

내가 하는 일이 선한 일이어도 괴롭지요.

무슨 일이든지 지존심을 가지고 행해야

공덕이 이루어짐을 마음에 새겨 두십시오.

교만보다 나쁜 것은
자기 비하

자기를 낮춤은 교만한 것보다 더 나쁜 것이고
부처님께 죄를 짓는 것이에요.
우리는 흔히 자신을 한없이 낮추는 것을
겸손한 것으로 알고 이를 미덕으로 여기고 있지요.

'제가 어찌 그런 일을 할 수 있겠어요.'
'나는 아무것도 할 수 없어요'
'나는 죄가 많다, 나는 바보같다.'

이러한 말은 겸손함이 아닌
자기 비하이고 비굴함으로
자신의 불성에 대한 모독이 되고
큰 죄를 짓는 것이 됩니다.

자신이 하는 말 한마디가 자성 부처님께 올리는
공경찬탄의 축원의 말이 되어야 함을 명심하세요.

말을 바꾸면
운명이 바뀝니다

사람을 대하는 것에서 도를 이루지 못하면
도를 이룰 수 있는 곳이 없습니다.

입 구 자의 뜻을 아시는지요?
입 구〔口〕는 말을 함에 네 가지의 공덕을 생각하며
쌓으라는 뜻을 가지고 있어요.

말을 함에 있어
항상 불보살님의 은혜와 중생의 은혜를 생각하고
지혜와 자비를 갖추고 말로써 공덕을 지을 수 있게
입을 써야 한다는 뜻이 담겨 있습니다.

말을 바꾸면 운명이 바뀐다고 하지요.
항상 진심 어린 말과 직심으로 언행을 하고
덕스럽게 생각을 하면
나와 조상님의 업장이 소멸되어
성불하게 되는 것입니다.

대인 관계의
부딪침에 대하여

모든 삶은 내가 만들어서 내가 받는 것이에요.
불자들이 수행을 하다 보면
절에서 만나는 도반들 사이에 다툼이 생기는
경우를 자주 보게 되지요.

내가 누군가와 부딪침은
나에게 못이 있어서 그 못에 다른 사람이
걸리는 것이기에 나의 허물이에요.

내게 와서 걸리는 그 사람 잘못이 아니라
뾰족하게 못이 있는
나의 잘못임을 모르고 남의 탓을 하고 있으니 안타깝습니다.

내가 못이 없어지고 부드러워지면
결코 그 누구와도 부딪침이
없어짐을 명심하시고 수행하세요.

관세음보살님의 마음인
'광대원만 무애 대비심'을 생각하세요.

새들도 숲이 있어야 내려와 앉지요.
내가 여유 있고 편안하면 타인이 내게 옵니다.
마음을 넓고 깊고 높고 크게 가지세요.

남자를 살리는 여자

경전에 자주 나오는 선여인(善女人)은
지혜가 바다와 같아서 모든 것을 살리는
존재라는 뜻입니다.

여자는 대지(大地)보다 더 낮아져야
덕을 쌓을 수 있어요.
자신을 낮추고 또 낮추라는 말인데
비굴함이 아닌 지존심으로
마음을 내려놓고 또 내려놓아
모든 사람을 너그럽게 포용하라는 뜻입니다.
마치 부처님이 만중생을 다 대자비로
어여삐 여기듯이 말입니다.

남편이 마음에 들지 않나요?

여러분이 남편을 바꾸려고 해서는 안 됩니다.

내가 남편을 바꾸려고 하면 할수록

남편은 어긋나게 되어 있어요.

남편에 대한 불평불만을 다 버리고

내가 먼저 변하면 남편은 이미 변해 있습니다.

오로지 내가 변해야 상대방을 변화시킬 수 있습니다.

자식도 그 누구도 마찬가지예요.

여성 자신이 영적으로 수승하지 않으면

자식도, 남편도 크게 키우지 못합니다.

진리의 세계로 들어가는 문은 '좁은 문' 이에요.

들어가긴 힘들어도 일단 들어가면

대광명 천지의 세상입니다.

병의 원인과 병을
극복하는 방법

🍃

몸에 병이 걸렸다는 것은
욕심을 많이 부렸거나, 성을 많이 냈거나,
불평 불만을 많이 했거나, 음식에 탐욕을 했거나
무엇인가 마음을 잘못 쓰며 살았다는 뜻입니다.

잘못 살았음을 깨달으라는 뜻이지요.
우리 몸의 세포들이
주인이 마음에 들지 않아
제 할 일을 하지 않고 파업을 한 셈이지요.

병이 온 원인을 빨리 깨닫고
지금까지의 삶을 정반대로

완전히 바꾸면 사는 것이고
병이 온 원인을 못 깨달으면
병을 이기지 못하는 것입니다.
내가 깨닫지 못하고 중생으로 존재하는 자체가
죄인이고 중생의 삶 자체가
원결을 짓고 또 짓는 삶이지요.

우리 몸의 병은
약으로 먹어서 고치는 것은 70% 정도입니다.
마음을 비우고 완전히 바꾸어야
병이 지나갑니다.

내 몸을 내 안의 자성 부처님께 맡기고
죽어도 좋다고 마음을 비우고
모든 욕심을 다 내려놓아야 합니다.

아픈 사람은
마음이 어둠으로 가고 있었기 때문에
반대로 바꾸어 밝음으로 나아가야 병이 낫습니다.

성질을 내고 화를 내는 것은
우주 천지의 은혜를 배반하는 것임을 알고
절대로 화를 내서는 안 됩니다.

내 안의 자성을 알지 못하고 사랑하지 못하면
어떤 답도 찾지 못합니다.
원결은 어떤 약으로도 풀 수가 없는 것이고
오로지 우주의 진리의 법으로만
풀어갈 수 있어요.

내가 어디서 와서 어디로 가는지도 모르고
왜 사는지 한 치 앞도 모르면서

아무런 관계없는 사람을 헐뜯으며
죄 짓느라 애쓰며 살고 있지요.
마음 법을 모르면
일생을 살아도 헛사는 것임을 깨달아야 합니다.

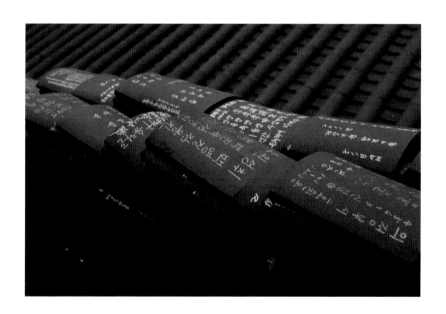

소원을 성취하는
기도 방법

기도를 할 때는
자신의 현재 좌표를 먼저 직시하십시오.
나의 삶이 향상되고 있는지
아래로 내려가고 있는지를 먼저 보아야 합니다.

아래로 내려간다 함은
하는 일이나 자식문제 등으로 속을 썩거나
집안에 중병 환자가 생긴다거나
불의의 사고를 당하는 등의
우환이 있는 것을 의미합니다.

또 부부 간, 형제 간에 불화가 있으면
내려가고 있다는 증거입니다.

집안의 운세가 내려가고 있을 때

방향을 바꾸어

다시 향상되게 할 수 있는 길은 기도뿐입니다.

기도를 할 때는

직심(直心)으로 하세요.

부처님과 내가 한통으로 연결되어 있어

내 마음이 부처님 정수리와 맞아 떨어지는

마음을 이루어야 합니다.

신심(信心)으로 하세요.

'부처님께 다 맡기고 부처님 믿고 가겠습니다.'

하고 흔들리지 않는 믿음으로

늘 '나무불' 염하세요.

보리심으로 하세요.

깨달음을 얻어 타인을 이롭게 하는

보살행을 하겠다는

큰마음으로 기도해야 복을 받습니다.

어떤 사람이 마음 쓰는 것을 보면
'된다, 안된다.' 를 알 수 있습니다.

타인이 하는 그 어떤 비난의 말이나
멸시의 말들을 인욕하고
자비심으로 다 받아 내면
마음 안에서 향상이 일어납니다.

어떤 경우에도 타인을 비난해서는 안 되요.
우리는 세치 혀로 많은 복을 까먹고 살지요.
비난의 말을 들어주는 업이 더 크다는 것을
알아야 합니다.

들어 주는 사람이 없으면 험담을 안 할텐데
들어 주어서 구업을 짓게 하기 때문이지요.

남을 칭찬하는 말은 들어 주고 함께 기뻐하면
복이 됩니다.
이를 수희공덕이라 하지요.

아금청정수(我今淸淨水) 변위감로다(變爲甘露茶)의
뜻을 새겨 보십시오.

원망을 부처님 전에 갖다 바치면 사랑이 됩니다.
사랑을 부처님 전에 갖다 바치면 해탈이 됩니다.
모든 것을 다 갖다 바치면
위대한 연꽃이 피어나는 것입니다.

마음을 열고 진심으로 직심으로 기도하면
모든 것이 이루어집니다.
부처님께 먼저 마음을 바치고
말로 축원을 올리세요.

사랑합니다, 고맙습니다

🍃

어느 50대의 보살님은
남편과의 불화로 인한 수십 년 된 마음의 응어리를 풀기 위해
매주 법회에 나와서 법문도 열심히 듣고 스님께 상담을 받고 있는데
다음 글은 그 보살님이 법회에서
질문한 내용과 스님의 법문입니다.

"스님, 저는 너무나 오랜 시간 동안 참고 살아왔어요.
나 하나 희생해서 우리 가정 안 깨지게 하려고
자식들 보고 지금까지 힘들게 참고 살았는데
남편도 몰라주고 스님도 저보고 잘못 살았다고 하시니까
너무 억울한 생각이 듭니다."
그 보살님은 눈물을 흘리시며 말씀하셨습니다.

그 보살님의 말씀에 이어진 스님의 법문입니다.

여러분, 깨달음 없이, 지혜 없이 중생심으로 열심히 사는 것은

스스로 한 맺히고 골병만 듭니다.

진리로서는 역행이지요.

'내가 그렇게 희생했는데 나한테 이럴 수가 있냐……'

'내가 그토록 열심히 살았는데 아무도 나를 몰라주고,

나는 억울하다.' 라는 생각을 하기에 열심히 한 것이,

헌신한 것이 죄가 되는 것이에요.

정말 진심으로 열심히 살았다면

억울한 마음이 없어야지요.

인연의 빚 갚는다고 생각하고 기꺼이 베풀었어야지요.

그런데 중생심으로 죽지 못해 참고 살았던 것입니다.
이런 사람들한테는 모든 사람들이
잘했다, 참고 사느라고 애썼다고
칭찬하고 인정을 해 주어야 해요.
그런데 잘못했다고 비난을 하거나 인정을 안 해 주면
참고 있던 화가 치밀어 폭발하게 되는 것입니다.

그렇게 열심히 해 놓고도 그것이 가슴에 화병으로 남으니
진리로서는 크게 역행하는 것이지요.
감정을 억누르고 가식으로 살았기 때문에 아픈 겁니다.
베풂을 받은 상대가 인정을 안 해 주고,
보답도 안 해 주니 아프지요.

그런데 그 희생을 받은 사람은

그 희생이 고맙지 않을 수도 있어요.

내가 타인을 위해 아무리 좋은 것을 베풀었다고 해도

내가 기꺼이 기쁜 마음으로 했어야 하고

상대도 진심으로 기쁘고 감사하게 여겨야 모두가 좋은 것이에요.

내가 좋은 것은 좋은 것이 아닙니다.

마음자리에서 억울함, 분노를 다 털어 내세요.

내 마음을 다 털어 내고 텅 비어 두면

무엇이 문제인지 금방 보여요.

그런데 마음에 갖은 감정으로 엉켜 있으면

뭐가 문제인지 모르기에 문제가 풀어지지 않는 겁니다.

마치 하얀 도화지 위에는
어떤 그림도 새로 예쁘게 그릴 수가 있지만
이미 색이 잔뜩 칠해져 있는 도화지 위에는
무엇을 그려도 뭐가 뭔지 알 수 없듯이…….

여러분,
누구에게든 잘하는 부분을 칭찬해 주세요.
그러면 못 하던 것까지도 잘하게 됩니다.
그런데 못하는 부분을 자꾸 지적하면
잘하던 것 마저도 못하게 됩니다.

사람들은 '사랑합니다. 고맙습니다.'
이 말을 너무나 좋아하고 듣고 싶어합니다.
이 말이 지닌 에너지가 엄청나지요.
긍정의 말, 사랑의 말로 가슴에 맺힌 응어리를 내려놓으세요.
상대의 가슴에 맺힌 응어리도 풀어 주세요.

사람이 산다는 것, 순간입니다.
사랑할 수 있는 날도 적고
참회할 날도 그리 많지 않아요.
살아 있을 때 충분하게 사랑하고 충분하게 용서하세요.
모두를 충분히 공경하고 공양하고 찬탄하십시오.

··· 덕일스님 전국 사홍선원 법회 안내

구분	시간	법회 장소	연락처
대구 법회	월요일 오전 10시	대구 지하철 1호선 중앙로역 4번 출구 대현프리몰 2번 게이트 메리츠화재 맞은편 세븐일레븐 건물 3층	(019) 669-8457
부산 법회	화요일 오전 10시	지하철 부산역 2번 출구 대한통운 빌딩 뒤편 대창빌딩 4층	(011) 854-4985
울산 법회	수요일 오전 10시	울산시 남구 신정동 76-6번지 대원빌딩 6층	(010) 3851-0801
대구 법회	목요일 오전 10시	대구 지하철 1호선 중앙로역 4번 출구 대현프리몰 2번 게이트 메리츠화재 맞은편 세븐일레븐 건물 3층	(019) 669-8457
서울 법회	금요일 오전 10시	서울 지하철 3호선 남부터미널역 3번 출구 대고빌딩	(02) 588-6216
대전 법회	토요일 오전 10시	대전시 서대전 사거리 농협 대사동지점 맞은편 유니베라 2층	(011) 9216-9965
서울 법회	일요일 오전 10시	서울 지하철 3호선 남부터미널역 3번 출구 대고빌딩	(02) 588-6216

. . . 덕일스님 법회 방송 시청 안내

구분	방송 시청 방법
금강경 생활법문 (종영)	BTN 불교 TV 인터넷 홈페이지 들어가서 검색창에 덕일스님 입력하면 〈덕일스님 금강경 생활법문〉 1~24강 다시보기 가능해요.
법화경 특별법문 (종영)	BTN 불교TV 인터넷 홈페이지 들어가서 검색창에 덕일스님 입력하면 〈덕일스님 법화경 특별법문〉 1~24강 다시보기 가능해요.
능엄경 특별법문 (종영)	BTN 불교TV 인터넷 홈페이지 들어가서 검색창에 덕일스님 입력하면 〈덕일스님 능엄경 특별법문〉 1~26강 다시보기 가능해요.
참된 신행생활을 위한 불교 경전 (방영중)	〈 BTN 불교TV 방송 시간 〉 • 매주 월요일 밤 11시 • 매주 수요일 오전 8시 30분 • 매주 목요일 오후 5시
덕일스님 신행 카페	http://cafe.daum.net/tntjswjd 다음 카페 : 〈 완전한 기쁨 〉 스님 법문, 법회 일정 상세 안내